청소년의 자신감 향상을 위한 워크북

사회불안 극복과 자기 신뢰를 위한 마음챙김 기술

Ashley Vigil-Otero, PsyD
Christopher Willard, PsyD 공저

이우경 역

The Self-Confidence Workbook for Teens: Mindfulness Skills to Help You Overcome Social Anxiety,
Be Assertive, and Believe in Yourself
by Ashley Vigil-Otero and Christopher Willard

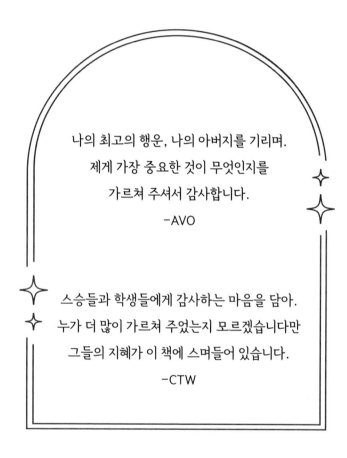

나의 최고의 행운, 나의 아버지를 기리며.
제게 가장 중요한 것이 무엇인지를
가르쳐 주셔서 감사합니다.
-AVO

스승들과 학생들에게 감사하는 마음을 담아.
누가 더 많이 가르쳐 주었는지 모르겠습니다만
그들의 지혜가 이 책에 스며들어 있습니다.
-CTW

역자
서문

여러분은 성장하면서 부모님과 주변의 어른들로부터 '자신감을 가져라.'라는 말을 많이 들었을 것입니다. 이미 자신감이 확고하게 자리 잡아 학교생활과 대인관계를 무난히 하는 사람도 있을 것입니다. 그러나 어떤 사람들은 학업과 사회적 관계에서 좌절과 어려움을 겪으면서 좀처럼 자신감이 생기지 않아 점점 더 위축되는 기분을 경험하기도 합니다. 자신감을 어떻게 키워야 할지, 이미 낮아진 자신감이 과연 높아질 수 있을지 의문이 드는 경우도 있을 것입니다. 자신감을 낮아지게 하는 요인 중 하나는 비교하는 마음입니다. 경쟁적인 문화 속에서 수없이 또래들과 비교를 당하고, 비교를 하면서 자신감이 낮아진 사람들이 많습니다. 그러나 자신감은 다른 사람보다 뛰어나거나 우월한 것에서 나오는 것은 아닙니다. 자신감은 자신의 능력을 보다 현실적, 객관적으로 인식하는 것을 의미합니다. 그리고 자신감이 높으면 사회적, 학업적 압박감을 잘 이겨낼 수 있고 위험을 감수할 줄 알며 일상을 조금 더 즐겁게 살아갈 수 있습니다. 현재 자신감이 부족하다고 해서 스스로를 열등하게 생각하지 않기를 바랍니다. 왜냐면 자신감은 타고나는 것이 아니라 길러지는 것이기 때문입니다. 이미 좌절과 실패를 겪었다고 하더라도 그것은 삶의 과정이지 결과가 아니라는 점을 기억하길 바랍니다. 이 책은 자신감을 가로막는 마음의 장애물이 무엇인지 그리고 힘든 일을 경험할 때 내면의 비판자가 어떻게 자신감을 더 깎아내리게 하는지를 이해하게 해 줄 것입니다. 그리고 학교생활과 사회생활에서 자신감이 약화될 때 마음을 챙겨 자신을 좀 더 연민의 마음으로 바라볼 수 있게 해 줄 것입니다.

비교하는 마음, 미리 결과를 예상하고 불안해하는 마음, 실망, 실수, 불확실성을 다루는 방법에 대해서도 알려 줄 것입니다. 10대 독자들의 이해를 돕기 위해 원서에 나온 일부 단어는 우리나라 실정에 맞게 수정하였는데, 예컨대 미국 대학교 수능 시험인 SAT는 수능 시험으로 대체하였고, 사례에 나온 영어 이름은 한글 이름으로 교체하였습니다.

이 책의 초벌 번역문을 꼼꼼히 읽어 보면서 10대 독자들이 이해하기 쉽게끔 단어 교정을 도와주었던 딸 설아에게 고마움을 느낍니다. 이 책은 학업 스트레스, 또래 갈등, 사회적 관계의 어려움을 겪으면서 자신감이 낮아진 10대들에게 특히 도움이 될 것으로 생각됩니다. 또한 학교 장면에서 비교과 시간을 이용하여 상담 교사의 지도하에 또래들과 자신감 증진 활동으로 활용한다면 더욱 효과적일 것으로 생각합니다. 모쪼록 이 책에 나온 내용과 활동을 통해 자신감은 길러질 수 있다는 믿음을 가지고 자신감 회복을 위해 한 걸음씩 나아가길 바랍니다. 그리고 그 과정에서 조금 더 자신에게 관대하고 친절하게 대하길 바랍니다. 자신감 문제에 있어서 여러분은 혼자가 아니라는 사실을 다시 한번 기억하시길 바랍니다.

2024년 8월
이우경

독자들에게 당부하는 말: 이 책을 읽는 방법

친애하는 청소년 독자 여러분,

어쩌면 여러분은 자신을 위해 이 책을 샀을 수도 있고, 아니면 여러분을 걱정하는 어른이 여러분을 돕고 싶어서 이 책을 건넸을 수도 있습니다. 학교, 학원, 가족, 다른 사교 활동으로 바쁘기 때문에 여러분이 이 책 전체를 순서대로 읽고 쓰는 것은 어려울 것입니다. 책 전체를 처음부터 끝까지 읽을 필요는 없습니다. 필요하다면 그렇게 할 수도 있지만 그렇게 하지 않아도 상관없습니다. 전체 목차 중에서 자신에게 가장 중요한 내용에 집중할 수 있게끔 건너뛰고 읽어도 좋습니다. 이 책은 혼자서 읽어도 좋고, 자신을 잘 알고 지지해 주고 신뢰할 수 있는 친구, 혹은 어른들과 함께 읽어도 좋습니다.

심리학자인 우리는 자신감을 키우는 데 있어서 마음챙김과 자기연민을 실천하는 것이 정말 효과적이라는 사실을 발견했습니다. 그 이유가 궁금하신가요? 이들 연구에 대한 자세한 설명을 이 책에서는 다루지 않습니다. 대신 자신감의 기초가 되는 내적 자원을 구축하고 자신감에 방해가 되는 마음의 장애물을 뛰어넘을 수 있는 마음챙김 훈련과 자기연민 훈련을 제시합니다. 특히 마음챙김은 여러분이 심리적으로 어려운 상황에 처했을 때 도움이 될 수 있는 관점과 위로를 제공해 주고 상황을 더 명확하게 볼 수 있는 눈을 갖게 해 줄 것입니다. 또한 자기연민은 스트레스 상황에서 회복탄력성과 자존감을 높이는 데 필수적인 요소입니다. 자기연민은 좌절감에서 벗어나고 자신감을 깎아내리는 내면의 비판자를 더 효율적으로 다룰 수 있게 해줄 것입니다.

이 책에 어떤 내용이 담겨 있는지 안내해 드리겠습니다. 제1장에서는 자신감이 무엇인지, 자신감을 갖는 데 일반적인 방해물은 무엇인지, 자신감을 높일 수 있는 방법은 무엇인지 이해하는 것부터 시작합니다. 그리고 이미 강점을 가지고 있는 생활 영역과 더 도전이 필요한 영역을 살펴볼 것입니다. 그리고 감정에 휩쓸리기, 회피, 자기 비난, 수치심 등 삶의 도전을 무력화하고 자신감과 회복탄력성을 약화할 수 있는 자동적인 스트레스 반응에 대해 배우게 됩니다. 이 책은 자신이 원하는 순서대로 읽어도 됩니다. 하지만 1장부터 읽기를 추천합니다. 1장에는 이 책의 다른 부분과 연관된 핵심 사항과 연습문제가 들어 있습니다.

제2장에서는 학교생활 문제에 초점을 두고 선생님과 대화하기, 압박감을 느껴도 제대로 수행하기, 새로운 것을 시도해 보기 등 자신감에 어려움을 겪을 수 있는 여러 가지 순간에 대해 알아볼 것입니다. 이 페이지를 읽어나가면서 자신에게 가장 해당하는 내용을 찾아보세요. 수업 중 발표하기, 학업 스트레스에 대응하기 등 개인적 문제점에 대한 구체적인 기술과 개입을 시도해 보세요.

제3장에서는 학교 밖에서 벌어지는 사회적 상황과 그것이 자신감에 어떤 영향을 미치는지 살펴봅니다. 친구 모임 등 사회적 모임에 가기 전 걱정거리 다루기, 사회적 실수 처리하기, 좌절에 대처하기, 관계 불안감 다루기 등 자신에게 가장 큰 영향을 미치는 문제부터 순서대로 읽거나 건너뛰면서 읽어 보세요.

이 책에서는 자신감을 높이고, 감정을 관리하고, 새로운 것을 시도하고, 좌절감에서 회복하기 위해 해 보면 좋은 것을 알려 드립니다. 이 책이 자신감 회복뿐만 아니라 여러분의 목표와 이루고자 하는 꿈에 더 가까워지는 데 도움이 되길 바랍니다.

물론 이 책에서 제시하는 것보다 더 많은 심리적 도움이 필요할 수도 있습니다. 실제로 이미 치료자나 상담사를 만나고 있거나 친구나 멘토와 이야기를 나누고 있는 사람들도 있을 것입니다. 다시 한번 강조하지만 도움을 요청하는 것은 부끄러운 일이 아닙니다. 사실, 지금은 그 어느 때보다 청소년들이 크고 작은 다양한 종류의 문제를 겪고 있고, 단기 또는 장기 심리 지원을 받기 위해 치료와 심리상담을 받는 것이 매우 흔한 일이 되고 있습니다.

다음 페이지에 소개된 방법들을 통해 현재 여러분이 갖고 있는 강점을 바탕으로 더욱 자신감 있는 삶의 여정을 시작하길 바라며, 그 과정에서 어떤 우여곡절이 있더라도 더 여유롭고 편안하고 자신감 있게 대응할 수 있기를 바랍니다. 지금 바로 시작하세요!

Ashley and Chris

차례

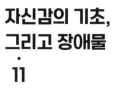

제1장

자신감의 기초, 그리고 장애물 · 11

자신감의 기초, 그리고 장애물

1부에서는 자신감을 더 키워야 하는 영역을 파악하는 것부터 시작합니다. 또한 무엇이 자신감을 가로막고 있는지 생각해 봄으로써 앞으로 나아가지 못하게 만드는 것이 무엇인지 그리고 어떻게 해야 할지 배울 수 있습니다.

자신감을 갖지 못하는 이유는 여러 가지가 있지만, 자신감을 떨어뜨리는 몇 가지 일반적인 장벽이 있습니다. 이 첫 번째 장에서는 현실적인 좌절, 즉 어떤 식으로든 실패하거나 목표를 이루지 못한 경험과 같은 가장 일반적인 장벽에 대해 살펴봅니다. 이 시기는 우리 모두에게 발생하며, 간혹 격렬한 감정을 불러일으키고 힘들게 하고 결국에는 자신감을 약화시킬 수 있습니다.

우리가 살펴볼 또 다른 장애물은 회피입니다. 회피는 도전이 되는 상황이나 경험을 피하려는 경향을 말합니다. 어려움을 피하고 싶은 마음은 지극히 자연스러운 것입니다. 하지만 회피를 삶의 전략으로 삼으면 더 힘든 일이 생기고 의심만 키우게 되고 인생의 많은 좋은 것들을 놓치게 됩니다.

마지막으로 살펴볼 장애물은 내면의 비판자와 수치심입니다. 내면의 비판적인 목소리를 듣거나 수치심에 사로잡혀 자신이 실력이 부족하다고 생각하면 자신감이 더욱 떨어지고 힘이 나지 않고 자꾸만 막막한 기분이 듭니다.

이 장애물 중 익숙한 것이 있나요? 자신감을 가로막는 요인에 대해 다른 생각이 있나요? 없더라도 걱정하지 마시고 계속 읽어나가면서 자세히 알아볼 수 있습니다. 우선 일반적인 장애물에 대해 탐색하고 이런 장애물에도 불구하고 자신감을 키우는 데 도움이 되는 몇 가지 중요한 정보를 살펴보는 것부터 시작하겠습니다.

자신감 회복하기

⤷ 알아야 할 것

자신감은 뭔가를 이루고 장애물을 헤쳐 나가는 데 필요한 자질을 갖추고 있다는 스스로의 믿음에 기초합니다. 자신감은 다른 사람보다 우월하다고 자랑하거나 자만하는 오만과는 완전히 다릅니다. 또한 자신감은 자신이 할 수 있는 일을 과대평가하는 것이 아니라 자신의 능력을 현실적으로 잘 파악하는 것을 말합니다.

자신감이 주는 여러 가지 이점은 쉽게 상상할 수 있을 것입니다. 자신감은 압박감에 맞서고, 위험을 감수하고, 장애물을 극복하고, 다른 사람들을 편안하게 하는데도 도움이 됩니다. 더욱이 자신감은 자기 능력을 믿지 않고 의심하는 마음이 들때 어떻게 하면 좋을지 알게 해줍니다. 여기서 자신감은 타고나는 것이 아니라는 사실을 아는 것이 도움이 됩니다. 자신감은 훈련을 통해 기를 수 있기 때문에 이 책을 통해 자신감을 좀 더 키울 수 있도록 도와드리겠습니다. 먼저 자신의 삶에서 가장 주의가 필요한 부분을 살펴본 다음 자기 의심과 걱정 대신 자신감을 키우는 데 도움이 될 만한 목표를 확인해 보세요.

⤷ 해야 할 것 - 자신감 수준 평가하기

이 책을 읽고 있는 지금 여러분의 자신감 수준은 어느 정도인가요? 어떤 영역은 다른 영역보다 자신감이 더 높을 수 있습니다. 그건 자연스러운 일입니다! 남들이 어떻게 보든 간에 항상 모든 것에 자신감을 가지고 있는 사람은 거의 없습니다. 일례로 축구를 할 때는 자신감이 넘치지만 수업 시간에 손을 들 생각만 하면 책상 밑으로 기어들어 가고 싶은 기분이 드는 사람도 있을 것입니다. 잠시 시간을 내어 자신이 갖고 있는 강점과 도전할 만한 과제가 어떤 것인지 살펴보세요.

다음 각 영역에서 자신감 수준을 평가해 보세요. 1은 '자신감이 전혀 없음', 10은 '매우 자신감이 있음'을 나타냅니다. 해당되는 숫자에 동그라미를 치세요.

사회생활 / 친구 관계

1	3	5	8	10
자신감 없음	그다지 자신감 없음	어느 정도의 자신감	자신감 있음	매우 자신감 있음

데이트 및 대인 관계

1	3	5	8	10
자신감 없음	그다지 자신감 없음	어느 정도의 자신감	자신감 있음	매우 자신감 있음

가족

1	3	5	8	10
자신감 없음	그다지 자신감 없음	어느 정도의 자신감	자신감 있음	매우 자신감 있음

학교/학업

1	3	5	8	10
자신감 없음	그다지 자신감 없음	어느 정도의 자신감	자신감 있음	매우 자신감 있음

운동

1	3	5	8	10
자신감 없음	그다지 자신감 없음	어느 정도의 자신감	자신감 있음	매우 자신감 있음

신체 이미지

1	3	5	8	10
자신감 없음	그다지 자신감 없음	어느 정도의 자신감	자신감 있음	매우 자신감 있음

정체성

1	3	5	8	10
자신감 없음	그다지 자신감 없음	어느 정도의 자신감	자신감 있음	매우 자신감 있음

예술

1	3	5	8	10
자신감 없음	그다지 자신감 없음	어느 정도의 자신감	자신감 있음	매우 자신감 있음

기타 다른 활동

1	3	5	8	10
자신감 없음	그다지 자신감 없음	어느 정도의 자신감	자신감 있음	매우 자신감 있음

시험 치는 것

1	3	5	8	10
자신감 없음	그다지 자신감 없음	어느 정도의 자신감	자신감 있음	매우 자신감 있음

기타?

1	3	5	8	10
자신감 없음	그다지 자신감 없음	어느 정도의 자신감	자신감 있음	매우 자신감 있음

🔁 더 해 볼 것

≫ 여러분이 방금 작성한 것을 다시 살펴봅시다. 지금 당장 집중하고 싶은 항목에 별표를 해 보세요. 이 책을 읽으면서 목표로 삼고 싶은 영역은 어떤 것인가요? 이 순간 구체적으로 자신감을 향상시키고 싶은 영역은 무엇인가요?

_____

_____

_____

≫ 각 영역에서 점수가 3점만 더 높아진다면 여러분의 삶은 어떤 모습일까요? 자신감이 높아진다면 더 많이 또는 덜 하고 싶은 일이 있나요?

_____

_____

_____

≫ 목표 달성에 방해가 되는 요소가 무엇인지 생각해 볼 수 있나요?

_____

_____

_____

이 섹션의 나머지 부분에서는 자신감을 키우고 방해가 되는 일반적인 장애물을 극복하는 데 도움이 되는 핵심 기술을 소개합니다.

좌절에 대처하기

⤷ 알아야 할 것

이기고 있을 때는 자신감을 갖기 쉽습니다. 하지만 매번 승리할 수는 없습니다. 우리 모두는 좌절과 도전에 직면하는데, 바로 이때가 자신감이 떨어지거나 성장할 수 있는 기회가 될 수 있습니다. 성장의 비결은 우리가 직면한 상황에 어떻게 대응하느냐에 달려 있습니다.

좌절에 대처하는 능력을 키우기 위한 첫 번째 단계는 자신의 감정을 좀 더 잘 이해하는 것입니다. 연민(자비심)에 초점을 맞춘 치료법을 개발한 폴 길버트 박사는 우리의 경험을 더 잘 이해하는 데 도움이 되는 세 가지 감정 모델을 만들었습니다(Gilbert, 2009).

세 개의 원은 위협 시스템(빨간색 원), 추진 시스템(파란색 원), 진정 시스템(녹색 원)으로 감정을 조절해야 하는 상황에서 흔히 나타나는 마음의 상태입니다. 이 세 개의 원을 활용하여 좌절 후 마음을 재정비하고 긍정적인 행동을 취하고 자신감을 회복할 수 있습니다. 스트레스를 받으면 문제를 숨기거나 자신을 비난하거나 도움이 되지 않는 행동 방식을 취하는 등 의도치 않게 상황을 더 악화시킬 수 있습니다. 하지만 스트레스 상황에서 세 개의 원을 떠올린다면 감정에 휘둘리지 않고 자신감을 잃지 않고 좌절 상황에서 벗어나 빠르게 회복할 수 있도록 도움을 받을 수 있을 것입니다.

⤷ 감정 조절을 위한 세 개의 원

시각적 이미지를 잘 연상할 수 있도록 빨간색 원은 위협, 파란색 원은 추진, 녹색 원은 진정이라고 이름을 붙여 봅니다.

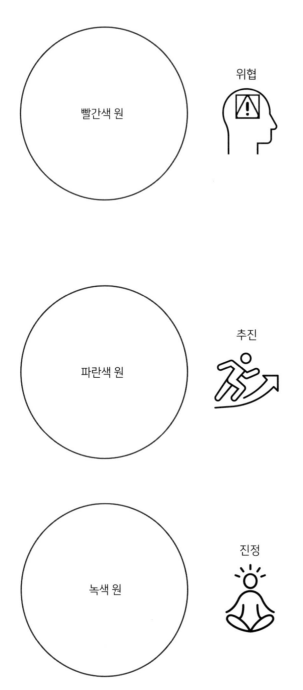

목적: 위험을 감지하고, 경고하며, 무언가 잘못되었을 때 여러분을 보호합니다.

위협 시스템이 작동되면 상황을 너무 심각하게 받아들이고 너무 멀리 나갈 수 있습니다. 빨간색 원이 다른 원보다 커지면 경계심이 높아지고 균형이 깨진 상태가 됩니다. 분노, 불안, 두려움, 혐오감, 수치심 같은 위협적인 감정을 주로 느끼게 됩니다. 부정적 감정에 휩싸이면 어렵더라도 이러한 감정은 우리를 돕기 위한 것임을 기억하세요.

목적: 원하는 것을 추구하고 뭔가를 이루기 위함입니다!

추진 시스템이 작동하면 정말 기분이 좋을 수 있습니다. 흥분, 흥미, 동기 부여, 생동감 등의 감정이 나타납니다. 파란색 원을 활성화하여 빨간색 원을 진정시킬 수 있습니다. 하지만 파란색 원이 너무 커지면 지치고 피곤함을 느낄 수 있습니다.

목적: 두뇌와 신체 움직임 속도를 늦추고, 안전하고 사회적으로 연결되어 있다고 느끼도록 돕습니다.

위협과 추진 시스템에서 벗어나 마음을 진정시키고 균형감을 느끼게 합니다. 이 시스템이 작동하면 평온함, 만족감, 안전함, 연결감 등이 나타납니다. 자신감 문제로 어려움을 겪는 많은 사람은 녹색 원이 덜 발달되어 있습니다. 그러나 이 녹색 원을 활성화시키면 스트레스에서 벗어나는 데 도움이 됩니다.

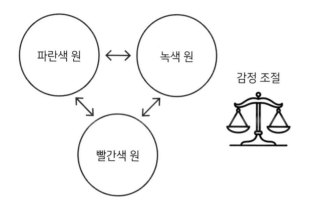

감정 조절이 잘 되는 상태에서는 이 세 가지 시스템이 함께 작동하여 정서적으로 균형감을 느낍니다. 원의 크기가 균형 잡힐수록 편안한 느낌을 받을 수 있습니다. 이때 빨간색과 파란색 원이 커지는 시기를 알아채면 즉시 녹색 원을 활성화시킬 수 있다는 것을 기억하세요. 이 세 가지 원이 균형을 이루고 있다면 자신 있고, 지혜롭고, 도움이 되는 최선의 자기(best self)로 삶의 여러 문제에 대응할 수 있습니다.

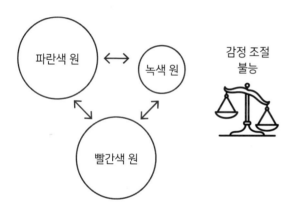

그러나 한두 가지 시스템이 지배적이면 감정적으로 불균형을 느끼게 됩니다. 빨간색과 파란색 원이 커지고 녹색 원이 작아지면 생각과 감정이 소모되는 위협감을 느끼고 추진 고리에 갇히게 됩니다. 이로 인해 균형감이 깨지고 비판적인 기분이 들며 뭔가 도움이 되는 일을 할 가능성이 낮아집니다.

* '세 가지 원' 감정 모델은 Paul Gilbert의 THE COMPASSIONATE MIND에서 Little, Brown Book Group Limited의 허가를 받아 각색되었습니다. :copyright: 2009 Little, Brown Book Group Limited. Little, Brown의 허가를 받아 사용되었습니다.

⬇ 해야 할 것

자신이 어떤 시스템에 들어가 있는지, 그리고 그런 순간 시스템이 어떻게 균형을 잃게 되는지 알아차리면 다시 균형을 회복하는 데 도움이 됩니다. 다음 사례에서 민서가 세 개의 원(서클) 모델을 어떻게 활용했는지 읽어 본 다음, 이어지는 성찰 질문에 답해 보세요.

몇 달 전, 민서는 모의고사 점수를 받았습니다. 예상보다 훨씬 낮은 점수였기 때문에 불안 발작이 일어났습니다. 민서는 다른 일을 완전히 제쳐두고 공부에만 몰두하기 시작했습니다. 처음에는 이렇게 공부에 시간을 많이 들이니 기분이 좋기도 했지만 시간이 지날수록 불안감이 커졌습니다. 결국 불안감이 너무 커져서 수능 공부에 전혀 집중할 수 없는 지경에 이르렀습니다. 치료를 시작했을 때 민서의 학업 자신감은 사상 최저치였고 불안과 자기 비판은 사상 최고치였습니다.

민서의 상담사는 민서에게 세 개의 원 모델에 대해 이야기하고 평소 민서가 느끼는 감정과 관련하여 원을 그려보라고 했습니다. 민서의 빨간색(위협)과 파란색(추진력) 원은 크게 그려진 반면, 초록색 원은 점으로만 그려져 있었습니다. 원을 그려보면서 민서는 수능에서 낮은 점수를 받을지 모른다는 불안감과 위협감에서 벗어나기 위해 지나치게 학습에 몰두하고 있다는 것을 알았습니다. 민서는 상황을 악화시키는 위협-추진 고리에 갇혀 있었습니다.

이제 균형감을 느끼기 위해 무엇이 필요한지 이해한 민서는 우선순위를 바꾸어 더 많은 휴식 시간을 가지려고 했고, 녹색 원을 늘리는 방법을 배웠습니다. 상담을 받는 시간 외에도 이 세 가지 원 모델을 사용해서 언제 위협 서클과 추진 서클이 자신을 지배하는지 알아차릴 수 있게 되었습니다. 또한 자신에 대해 가혹하고 비판적인 마음이 일어날 때 위협 서클이 과잉 충전된다는 사실도 알게 되었습니다. 빨간색 원이 점점 커지는 것을 알아차렸을 때, 민서는 스스로를 다독이며 호흡법과 같은 자기 진정 기술을 사용하였고 도움이 필요한 친구를 대하듯 이해심과 친절로 자신을 대함으로써 점차 녹색 원을 크게 만드는 방법을 터득하였습니다. 시간이 지나면서 민서의 원은 균형을 잡았고, 그러다보니 공부와 기분 상태, 자신감 회복에도 도움이 되었습니다. 다음번 모의고사에서는 압박감에 대응하는 능력이 향상되었고 실제 점수도 향상되었습니다.

≫ 왼쪽 박스에 색깔 펜을 사용해서 현재 기분에 상응하는 원을 그립니다. 위협은 빨간색, 추진은 파란색, 진정은 녹색을 사용하세요.

그런 다음 오른쪽 박스에 가까운 미래에 원하는 대로 원을 그립니다. 현재 너무 큰 원과 조금 더 커질 수 있는 원은 어떤 것이 있을까요?

>> 민서처럼 위협-추진 고리(loop)에 갇혀 있던 때가 생각나나요? 몸과 생각, 감정에 어떤 느낌이 들었나요? 균형이 잡혔다고 느꼈나요?

_____

_____

_____

_____

>> 위협 원, 즉 빨간색 원이 다른 원을 압도했던 어려운 시기를 떠올려 보세요. 그것이 자신감에 어떤 영향을 미쳤나요? 위협 원(빨간색 원)을 더 크게 또는 더 작게 만드는 행동이 있었나요?

_____

_____

_____

_____

앞으로 몇 주 동안 위협을 느끼는 순간을 알아차리고 호기심을 가져보세요. '아, 이건 그냥 위협적인 마음이 드는 거구나'라고 스스로에게 말할 수도 있습니다. 거기서부터 마음챙김이나 다른 심리 기술을 사용하여 이 책 전체에서 살펴볼 진정 효과를 얻게 됩니다.

⭲ 더 해 볼 것

이제 여러분은 마음의 모드를 위협에서 진정으로 전환하는 법을 배울 수 있습니다. 이렇게 하면 할수록 감정의 균형이 잡히고 지혜와 힘, 도움이 되는 행동을 취하겠다는 삶의 자세로 실패와 좌절에 대응할 수 있게 됩니다.

진정 시스템을 활성화하면 어떤 일이 닥쳐도 대응할 수 있는 자신감이 높아집니다. 녹색 원을 활성화하고 빨간색 원을 잠재우는 한 가지 방법은 호흡을 조절하는 방법을 배우는 것입니다. 호흡을 조절하면 몸, 신체생리, 뇌의 변화가 생기고 기분, 집중력, 충동수준이 달라지는 효과가 있습니다. 또한 교감 신경계(빨간색 원 또는 위협 반응)에서 부교감 신경계(녹색 원 또는 진정 시스템)로 전환할 수 있습니다.

자신을 진정시키고 좌절감과 좋지 못한 감정에 휘둘리지 않도록 몇 가지 기본적인 호흡법을 소개해 보겠습니다. 어느 정도 연습이 되었다면 자신감의 위기가 닥쳤을 때 호흡을 닻[1]으로 사용해 보세요.

호흡 연구자들에 따르면 가장 유익한 호흡 속도와 리듬은 분당 약 5~6회, 즉 10초 또는 12초마다 한 번씩 숨을 쉬는 것이라고 합니다. 또한 숨을 들이마실 때(들숨)보다 조금 더 오래 숨을 내쉬는(날숨) 것도 좋습니다.

호흡이 짧거나 얕으면 대개 불안하고 자신감이 부족하다는 것을 알 수 있습니다. 짧고 얕은 호흡은 마치 119에 전화를 걸면서 뇌와 몸에게 공황 모드로 들어가라고 요청하는 것과 같으며, 자신감이 가장 떨어지는 상황을 만듭니다. 그 이유는 폐의 위쪽과 아래쪽에 있는 신경 종말이 무엇을 해야 할지 서로 다른 신호를 신경계로 보내기 때문입니다.

---

1) 역자 주: anchor. 파도가 심하게 칠 때 균형감을 찾게 해주는 닻처럼 호흡은 마음을 안정시키는 닻 역할을 한다.

더 깊고 천천히 숨을 들이마시는 것은 뇌와 몸의 리셋 버튼을 누르는 것과 같습니다. 이는 마음을 진정시키고 자신감을 높이는 데 도움이 됩니다. 다양한 방법을 시도해 볼 수 있지만, 1분에 5~6번의 완전한 호흡을 목표로 하는 것이 좋다는 것을 알게 될 것입니다. 호흡할 때 좀 더 느리고 자연스러운 리듬을 찾으면 감정이 안정되고, 주의 집중력이 예리해져서 더 많은 정보를 받아들일 수 있고, 사회적으로도 더 편안하고 흥미를 느낄 수 있습니다.

'호흡은 리모컨과 같아서 불안감이나 자신감 볼륨을 높이거나 낮출 수 있다'라는 말이 있습니다. 시간을 내어 10회 호흡하는 동안 자신의 호흡을 알아차려 보세요. 아무것도 하지 않고 숨을 쉬면서 1분 동안 몇 번의 호흡 주기가 있는지, 들숨과 날숨이 얼마나 오래 지속되는지 세어보세요.

1분에 몇 번 호흡을 하였나요?

3-6-9 호흡: 이제 리모컨으로 채널을 3-6-9[2]로 변경해 보겠습니다. 셋까지 세면서 숨을 들이마시고, 여섯까지 세면서 참았다가 아홉까지 세면서 숨을 내쉬는 3-6-9 호흡을 사용하여 의도적으로 호흡 속도를 늦추는 것이 어떤 느낌인지 알아보세요.

약 10회 정도 또는 편안해질 때까지 이 방법을 시도해 보세요.

몸이나 마음에 어떤 변화를 느끼셨나요?

이 호흡 연습을 통해 위협에서 벗어나기 좋은 때는 언제인가요? 스포츠 경기를 하기 전? 시험이나 사람들 앞에서 말할 때? 사회적인 상황? 그 외? 어떤 것이 있나요?

---

2) 역자 주: 처음에 3-6-9 호흡이 힘들 경우 3-3-6 호흡으로 시작하는 것이 좋음.

녹색 원 활성화하기

　호흡을 천천히 하게 되면 진정 시스템이 활성화될 수 있습니다. 자신에게 가혹하게 판단하고 비판하는 마음을 내려놓는 것도 또 다른 방법입니다.

　이 책을 통해 마음챙김과 자기연민 연습을 배우고 진정 시스템을 활성화시킬 수 있습니다. 특히 본인에게 가장 필요한 영역에서 자신감을 향상하는 방법을 더 많이 배울 수 있습니다. 다음의 녹색 원에서 진정 시스템을 활성화하고 자신감을 높이기 위해 시도해 볼 수 있는 방법을 검토하세요. 이 책을 읽어나가면서 진정 시스템으로 전환할 수 있는 새로운 방법을 발견하면 이 페이지로 다시 돌아와 목록에 추가해 보세요. 진정 시스템을 활성화하기 위해 시도해 보고 싶은 항목에 표시해 보세요. 무엇이 녹색 원을 활성화하는 데 도움이 되는지 알아보세요. 가능하면 이 목록에 추가하고 자신에게 가장 효과적인 방법을 기록해 보세요.

나의 녹색 원

□ 사랑하는 사람들과 시간 보내기

□ 애완동물 안아주기

□ 스스로에게 상기시키기: '내가 겪고 있는 일이 힘들구나'

□ 맑은 공기 마시며 쉬기

□ 기분을 좋게 해주는 든든한 친구와 대화하기

□ 과거에 좋았던 것과 성취 경험을 되돌아보기

□ 내면의 아군 목소리에 귀 기울이기(활동 4)

□ 마음챙김 활동하기

   ○ 마음챙김 SEAT(활동 8)

□ 자신감을 높여주는 시각화 연습

   ○ 내면의 아군과 하나 되기(활동 5)

   ○ 친절 분대(활동 12)

   ○ 선장(활동 13)

□ 스스로에게 격려의 말 건네기

□ 나를 채워주는 음악 듣기

□ 위로가 되는 책 읽기

□ 나에게 필요한 것이 무엇인지 스스로에게 물어보고 시간을 갖기

□ 휴식을 취하고 이완시켜주는 어떤 것을 하기

□ 자신감 있는 자세로 부드럽게 스트레칭하기(활동 14)

□ 자기연민 휴식 취하기(활동 21)

   ○ 안내에 따라 명상하기

   ○ 나와 똑같이(활동 8)

□ 가져오고 내보내기(활동 16)

□ 호흡운동 하기

   ○ 3-6-9(3-3-6) 호흡(활동 2)

   ○ 호흡 스케치하기(활동 9)

_____

_____

_____

_____

회피 그리고 발목잡기

🔁 알아야 할 것

지난 활동에서는 스트레스 반응을 일으키고 불안, 공황과 같은 부정적인 감정을 유발하는 좌절 혹은 도전적인 상황을 살펴보았습니다. 스트레스 상황에 대한 또 다른 일반적인 반응은 회피입니다. 회피는 어려운 상황을 피하려는 경향을 말합니다.

회피를 하고 나면 처음에는 일을 더 쉽게 만드는 것처럼 보이지만 시간이 지나면서 여러분이 겪고 있는 어려움이 더 악화되고 원하는 것을 얻지 못하게 됩니다. 잘못하면 하향 나선형이라는 악순환의 고리로 빠질 수 있습니다. 좌절 상황에서 회피로 대응하다 보면 자신감이 더 낮아질 수 있습니다. 자신감을 떨어뜨리는 상황을 자꾸 피하면 자신이 피하고 있는 상황에서 실제로 뭔가 해내고, 극복하고 배울 수 있는 기회가 없기 때문에 자신감이 점점 더 낮아질 수밖에 없습니다. 자신감이 부족해지면 또 회피를 하게 되고, 더 좋아질 수 있는 연습을 하지 못하게 되어 능력이 점점 떨어집니다. 이렇게 되면 자신감이 또 떨어지고, 점점 더 기분이 나빠지면서 문제가 눈덩이처럼 커지게 됩니다.

그렇기 때문에 자신 없는 일을 자꾸 피하는 것은 단기적으로는 기분이 나아질지 모르지만, 상황이 더 나아지거나 자신감을 키우는 데는 도움이 되지 않습니다. 근육을 단련할 때와 마찬가지로 충분히 도전해야 자신감을 키울 수 있습니다.

반대로, 피하고 싶은 상황, 즉 자신에게 도전이 되는 상황을 피하지 않고 접근하는 방법을 배울 수 있다면 실제로 그 상황을 극복하기 쉽다는 것을 알게 될 것입니다. 여러분은 자신이 생각하는 것보다 훨씬 더 유능한 경우가 많습니다. 그리고 어려운 상황에 맞서서 나아가다 보면 자신의 능력에 대한 자신감과 회복탄력성, 즉 도전을 통해 배우고 성장할 수 있는 능력이 생깁니다. 여기서 핵심은 기꺼이 행동하고 실천하는 것입니다.

⤶ 해야 할 것

앞에 나서지 못하고 주변에 있는 것 같은 삶의 영역을 생각해 볼 수 있나요? 미아의 이야기를 읽은 다음, 반영적(성찰) 질문에 답하고 자신이 회피하고 있는 영역에 대해 생각해 보세요.

미아는 사회적 상황에서 자신감이 부족합니다. 작은 초등학교에서 훨씬 더 큰 중학교로 전학했을 때 미아의 눈에는 자기 외에 다른 아이들은 모두 자신감 넘치는 것처럼 보였습니다. 그래서 미아는 더욱 겁이 났습니다. 미아는 그냥 뒤로 물러나서 방관하기로 마음먹었습니다. 미아는 아이들과 잡담을 피하고 대부분의 상호작용을 피하는 습관이 생겼습니다. 시간이 지나면서 미아는 점점 더 새로운 학교 아이들과 대화하거나 친구를 사귈 기회를 갖지 못했습니다.

결국 미아의 부모님은 미아에게 심리상담사를 만나게 했고, 상담사는 사회성을 배우는 것은 바이올린을 배우는 것과 같다고 말했습니다. "바이올린을 배울 때는 늦게 시작할수록 뒤처진다는 느낌을 많이 받을 수 있어요. 하지만 늦게 시작하면 나이가 많기 때문에 더 빨리 배울 수 있다는 장점도 있어요." 상담사는 미아에게 무슨 일이 일어날지 너무 걱정하거나 때때로 주눅이 들기보다는 바이올린 연습을 하듯이 사회성 연습을 시작하라고 격려했습니다. "무슨 일이 일어나든 호기심을 갖고 열린 마음으로 해 보세요."

미아는 자신이 편안하게 대화를 시도하고 관계를 맺을 수 있게끔 차근차근 시도해 나갔습니다. 미아는 또래들과 비언어적 의사소통에 더 주의를 기울이고 대화할 때 조금 더 열린 마음으로 하려고 노력했습니다. 미아는 더 많이 웃기 시작했고, 수업 전에 눈을 마주치지 않고 잡담을 피하기 위해 평소 플래너에 글을 끄적이던 습관도 버렸습니다. 당연히 미아는 점점 더 편안해지는 것을 느꼈고 아이들이 말을 걸기 시작할 때 편하게 반응하기 시작했습니다. 이를 계기로 아이들과 더 많은 대화를 나누기 시작했고, 특히 두 명의 여자아이와는 공통점이 많다는 것을 알게 되어 결국 그 아이들과 친구가 되었습니다. 미아가 작은 발걸음을 내딛는 데 도움이 된 것은 결과에 집중하지 않은 마음이었습니다. 어느 날 친구를 사귀고 이후 실패할지도 모른다는 것에 집중하는 대신, 미아는 자신의 노력에 대해 시간이 지나면 편해질 수 있는 연습이라고 생각하기로 마음먹었습니다. 또한 미아는 아무것도 하지 않는 것보다 처음에는 작은 발걸음이라도 내딛는 것이 힘이 된다는 것을 알게 되었습니다. 시간이 지남에 따라 이러한 작은 행동이 늘어났고 미아는 사람들과 대화하고 사람들과 어울려야 하는 사회적 상황을 헤쳐 나가는 데 자신감이 생기기 시작했습니다.

≫ 미아의 이야기에서 공감되는 부분이 있나요?

_____

_____

_____

_____

≫ 미아가 회피를 한 대가는 어떤 것들이 있었나요?

_____

_____

_____

_____

≫ 미아는 회피함으로써 무엇을 얻었나요? 무엇이 미아가 행동을 바꾸는데 도움이 되었나요?

_____

_____

_____

_____

≫ 자신감이 없는 상황을 피하게 되면 어떤 단점과 이점이 있나요?

_____

_____

_____

≫ 여러분이 망설여지는 크고 작은 장소는 어디인가요? 친구들과 어울릴 때? 학교? 스포츠, 예술, 다른 활동? 가족? 각각에 대해 적어 보세요.

🔁 이렇게 해 보세요

스트레스를 받아도 참아야 하는 상황이 많이 있습니다. 이때 자신감은 떨어지고 회피하고 싶은 마음은 커집니다. 물론 이 책을 다 읽고 나서도 다른 아이들이 보는 앞에서 마음에 드는 친구에게 고백을 하고, 자기가 받은 모의고사(수능) 점수를 자신 있게 공개할 수 있을 거라고 장담하기는 어렵습니다. 하지만 여러분이 자신감 향상이라는 목표를 향해 나아갈 수 있는 방법을 새롭게 찾아볼 수 있습니다.

다음 목록을 살펴보세요. 어떤 항목은 여러분이 이미 쉽게 하고 있는 영역이고 어떤 항목은 어느 정도 자신감이 더 생겨야 할 수 있습니다. 자신과 관련이 없는 항목은 무시하고 관련이 있는 항목을 추가해 보고 앞으로 나아가고 싶은 상황을 파악하세요. 선택한 항목이 얼마나 어려워 보이는지 1~10점 척도로 순위를 매기고, 사다리 옆에 낮은 순위의 항목은 하단에, 높은 순위의 항목은 상단에 적습니다. 그런 다음 이 목록을 참고해서 시간이 지남에 따라 회피 행동을 줄이고 접근하고 싶은 상황과 활동에 대해 생각해 보세요. 쉬운 상황부터 시작하여 사다리를 타고 올라가세요.

이렇게 하면 목표를 파악하고 적당한 속도로 진행해 나가면서 성공할 때마다 이를 바탕으로 다음 단계의 목표를 정하고 달성하는 것이 쉬워질 것입니다. 신뢰할 수 있는 친구나 어른과 자유롭게 나누어 보세요.

1	5	10
아주 쉬워요. 내가 알아서 할 수 있어요.	힘들겠지만 할 수 있습니다.	아니요. 안돼요 지금은 너무 힘들어요.

앞으로 나아가고 싶은 것들

혼자 혹은 친구와 나들이하기

사람들 앞에서 말하는 것

친구 없이 카페에 들어서기

혼자 모임에 가기

고등학교 친구들이 하나도 없는 대학에 들어가기

새로운 사람들과의 만남

합숙 캠프 또는 프로그램 참가

새 옷을 입고 등교하기

같이 영화 보러 가자고 해보기

소셜 미디어에서 누군가와 친구 맺기

취업 또는 대학 면접

치료 또는 상담받으러 가기

방과 후 추가 도움받기

이성 친구에게 데이트 신청하기

누군가에게 친구로 어울리자고 요청하기

새로운 사람들과 함께하기

소셜 미디어에 게시하기

모임에 참석하기

스포츠 팀에 지원하거나 연극 또는 뮤지컬 단체의
    오디션에 응시하기

관중 앞에서 공연하기: 스포츠, 음악, 연극, 미술

수업 중 손 들기

수업 중 무작위로 호명받기

문자 보내기와 문자에 답장하기

학교 라커룸에서 옷 갈아입기

체육관에 가거나 운동하기

다른 사람 앞에서 식사하기

카페 테이블에 앉기

시험(모의고사) 응시하기

내 글이나 그림을 다른 사람들과 공유하기

다른 사람에게 내 감정 털어놓기

기타 상황 _____

_____

이 중 일부는 이미 몇 단계를 밟았거나 벌써 자신감이 생겼을 수도 있습니다. 잘됐네요. 그렇지 않다면 그것도 괜찮습니다!

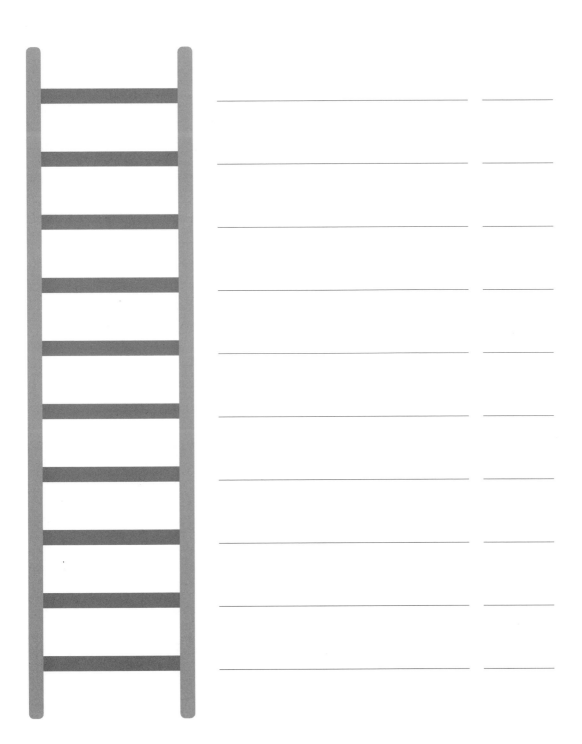

>> 자, 이제는 아직 해 본 적은 없지만 해 보고 싶은 항목 한 가지를 선택하세요. 그 첫 번째 목표를 향해 나아가는 데 무엇이 도움이 될까요? 그 목표를 달성하는 방법에 대해 적어 보세요. 미아처럼 목표를 작은 단계로 쪼개어 더 큰 단계로 나아갈 수 있는 방법은 무엇 일까요? 언제 어떻게 시작할 수 있을까요?

_____

_____

_____

_____

_____

_____

_____

_____

_____

_____

_____

이 활동을 완료하면서 사회적 두려움이 있어서 힘들어하고 있다는 것을 알아차렸을 것입니다.

두려움이 생길 수 있습니다. 이러한 두려움에 대처하는 방법에 대한 자세한 내용은 활동 15 부딪혀보기에서 확인하세요.

내면의 비판자 다루기

🔁 알아야 할 것

지금까지 자신감을 떨어뜨릴 뿐만 아니라 부정적인 감정과 회피 반응에 사로잡혀 문제를 더욱 악화시키는 스트레스 반응 두 가지를 살펴봤습니다. 스트레스 반응 중에서 도움이 되지 않는 또 다른 반응은 자기 비판입니다. 위협이나 도전에 직면하면 가혹하게 자책하거나 자기 비난을 하는 것은 자연스러운 일입니다. 그러나 심한 경우 내면의 비판자는 힘들어할 때 뛰어들어 걷어차는 것을 좋아합니다. 내면의 비판자는 위협 마인드를 부추겨서 마음의 안정을 깨뜨리고 다시 일어서는 것을 어렵게 만듭니다. 또한 자신감을 떨어뜨려 마음이 진정된 후에도 더 많은 의심과 불안감을 몰고 옵니다. 많은 사람들이 자기 비난을 하는 습관을 가지고 있지만, 이러한 내면의 괴롭힘은 문제를 악화시키고 자신과 건강한 관계를 맺는 것을 망칠 뿐입니다.

자기 비난이 행복과 자신감에 그렇게 나쁜 영향을 미치는데 왜 우리는 계속 자기 비난을 하는 걸까요? 안타깝게도 마음은 우리를 행복하게 하는 것이 아니라 안전하게 지키도록 설계되어 있습니다. 내면의 비판자는 우리를 보호하기 위한 것입니다. 뇌는 위협적인 상황에 직면했을 때 잘 알려진 투쟁-도피 반응을 촉발하도록 프로그래밍이 되어 있습니다. 그러나 오늘날의 인간은 인간의 뇌가 처음 발달했을 때와는 다른 위험에 직면해 있습니다. 요즘 인간은 뱀이나 호랑이가 아닌 자신감을 비롯해서 자아를 위협하는 각종 어려움에 직면하고 있습니다. 그럼에도 불구하고 스트레스에 대한 오래된 투쟁-도피 반응이 작동하여 우리 자신을 공격하는 것이지요.

복도에서 미끄러져 넘어졌다고 가정해 봅시다. 다치지는 않았지만 모든 사람이 쳐다보는 가운데 바닥에 쓰러져 있으면 자존심이 상합니다. 이미 넘어져서 상처를 받고 있는데 "거봐 이 바보야. 이렇게 바보 같은 행동을 하다니!"와 같은 말을 덧붙입니다. 내면의 비판자는 또래 친구들보다 우리 자신에게 더 가혹합니다! 이렇게 자기 비난을 하다 보면 아무도 못 보는 쥐구멍에라도 들어가고 싶은 심정이 듭니다. 이 사례에서 볼 수 있듯이 친구들 앞에서 넘어진 것이 스트레스에 대한 투쟁-도피 반응을 촉발시켰습니다. 내면의 비판자는 여러분을 보호하고 앞으로 겪을 수 있는 굴욕감으로부터 여러분을 구하려고 합니다. 문제는 그것이 실제로 효과가 없다는 것입니다. 사실, 내면의 비판자를 믿는 것은 상황을 더 악화시키고 자신감을 떨어뜨립니다. 실망스러운 일이지만, 내면의 비판자는 우리가 싸워야 할 적이 아니라는 사실을 기억하는 것이 중요합니다. 내면의 비판자는 우리를 '도와주려고' 노력하지만 그다지 도움이 되지 않는 방식으로 행동하는 어린아이처럼 생각하면 됩니다. 사실, 내면의 비판자를 잘 이해하고 연민심을 갖는다면 이 내면의 비판자가 나타났을 때 더 효과적으로 다룰 수 있습니다. 내면의 비판자를 다룰 수 있는 몇 가지 구체적인 방법을 살펴보세요.

🔁 해야 할 것

소셜 미디어에서 많은 관심을 받고 입소문을 내기 위해 노력하는 아이들을 알고 있을 것입니다. 보통은 그런 아이들의 게시물을 그냥 지나치지만, 때로는 필요 이상으로 많은 관심을 기울이게 됩니다. 내면의 비판자의 메시지를 사실로 받아들일 때 일어나는 일도 이와 같습니다. 내면의 비판자가 하는 말에 주의를 기울이고 믿게 되면, 더 도움이 될 만한 지혜로운 내면의 목소리는 묻혀버리고 자신에 대해 기분이 점점 나빠지는 결과가 나타납니다.

내면의 비판자가 활발해질 때를 생각해 보세요. 내면의 비판자는 무슨 말을 하고 있고 여러분은 어떻게 반응하나요? 그 메시지가 사실인 것처럼 귀를 기울이나요? 아니면 잡담이나 소음으로 여길 수 있나요? 내면의 비판자에 대해 좀 더 알아차리기 위해 다음 질문에 답해 보세요.

≫ 내면의 비판자가 나에 대해 가장 좋아하는 문구나 메시지는 무엇인가요?

_____

_____

_____

_____

>> 내면의 비판자가 가장 시끄러울 때는 언제인가요?

_____

_____

_____

_____

>> 내면의 비판자는 무엇을 가장 두려워하고 무엇으로부터 나를 보호하려고 애쓰나요?

_____

_____

_____

_____

>> 내면의 비판자의 말을 믿고 그 메시지를 사실로 받아들이면 어떻게 되나요?

_____

_____

_____

_____

>> 내면의 비판자를 관찰하고 비판적인 메시지를 흘려 넘기는 연습을 하면 어떤 이점이 있을까요? 어떻게 하면 도움이 될까요?

_____

_____

_____

_____

_____

_____

_____

_____

_____

_____

_____

_____

_____

_____

⊋ 더 해 볼 것

소셜 미디어에서 특정 사람들에 대해서 소거 버튼을 누르거나 숨기면 기분이 얼마나 홀가분해지는지 느껴본 적이 있나요? 특정 사용자의 구독을 취소하거나 소거하면 해당 사용자가 내게 미치는 영향력이 사라지고 더 건강한 목소리에 집중할 수 있습니다. 내면의 비판자에게도 똑같이 할 수 있습니다.

1단계: 내면의 비판자에게 이름을 붙여주기

내면의 비판자를 잠재우기 위한 첫 번째 단계는 이름을 붙여주는 것입니다. 이것만으로도 비판적인 내면의 목소리가 수그러들고 진정됩니다. 어떤 사람들은 그냥 '내면의 비판자'라고 이름을 붙이기도 하고, 어떤 사람들은 '판사' 혹은 더 순한 이름을 사용해서 비판적인 내면의 목소리를 무시하려고 합니다. 예를 들어 "아, 그냥 민지네" 또는 "또 영수네"와 같은 식으로요. 내면의 비판자를 강한 적으로 생각하기보다는 온라인상에서 관심을 끌려고 하고 자기 게시물이 입소문을 타게 하려는 아이와 같다는 점을 기억할 수 있도록 아래에 내면의 비판자에 대한 인상을 그림으로 그려보세요.

내면의 비판자가 올라오면 나는 이렇게 이름 붙일래요. (예: <u>Mr.판단, 자존감 깎이 등</u>)

2단계: 한 발 물러서서 관찰하기

내면의 비판자에게 이름을 붙이고 그게 누구인지 파악한 후에는 한 발 물러서서 지켜보는 방법을 배워봅니다. 그 생각과 다투거나 논쟁하기보다는 그 생각을 있는 그대로, 즉 나를 안전하게 지키려고 하는 과잉보호적이고 비효율적인 스트레스 반응으로 봅니다.

한 발짝 물러서서 내면의 비판자로부터 멀어지는 데 도움이 될 수 있는 몇 가지 대응법을 준비해 보세요. 다음 중 공감이 가는 문구를 확인하고 나만의 문구를 자유롭게 추가하세요.

☐ 저기 또 내면의 비판자가 있네. 얘는 그냥 자기 일을 하고 있어.

☐ 안녕하세요, 내면의 비판자님. 지금 비난 게임을 하고 싶으신 것 같네요.

☐ 감사합니다, 내면의 비판자님. 도와주려고 하는 거 알아요. 당신이 할 수 있는 모든 것을 하고 있다는 것을 압니다. 하지만 저는 오늘 이걸 해냈어요. 이제 저에게 중요한 다른 일로 넘어가야겠어요.

☐ 안녕, 꼬마 친구? 네가 거기 있는 거 보여. 날 안전하게 지켜주려고 애쓰는 거 알아. 쉬고 싶으면 쉬어도 돼. 너도 여기 있어도 되지만, 나는 다른 관심 있는 일들로 넘어가볼게.

☐ 안녕하세요, 판사님. 자리를 좀 내드릴 수는 있지만 저는 여기서 하던 일로 돌아갈게요.

☐ 내면의 비판자가 하는 모든 비난에 대해 '나는 멍청하고 끔찍해'에서 '호기심 어린 관찰'로 관점을 바꿔보세요. 내면의 비판자는 내가 멍청하고 끔찍하다고 생각하네. 흥미롭네.
이런 관점은 내면의 비판자가 하는 말을 믿지 않게 해줍니다.

☐ _____

☐ _____

☐ _____

참고 어떤 사람들은 이러한 심리 기술을 사용하는 것이 다소 어렵게 여겨질 정도로 시끄러운 내면의 비판자를 가지고 있습니다. 내면의 비판자의 메시지를 대부분 믿는 사람이라면 심리 상담 전문가와 상담하는 것이 도움이 됩니다. 치료가 어렵다면 신뢰할 수 있는 어른과 도움이 되는 이야기를 나누어 보세요.

3단계: 내면의 아군을 온라인으로 가져 오세요.

때로는 잘 들리지 않을 수 있는 또 다른 목소리, 즉 내면의 아군도 있습니다. 내면의 아군은 여러분을 비난하는 대신 다정한 친구나 코치처럼 격려하고 안내합니다. 내면의 아군은 여러분을 지지하며 여러분의 이익을 최우선으로 생각합니다. 이 지원군들은 여러분이 뭔가를 잘 하고 있을 때는 계속 응원하고 실망할 때는 위로합니다. 또한 건설적인 피드백을 해 주고 스스로 교정할 수 있도록 도와줍니다.

시간을 들여서라도 사려 깊은 내면의 아군을 키우면 어려움을 극복할 수 있는 용기와 지혜를 얻을 수 있습니다. 어려운 순간에 내면의 아군과 연결되면 상황과 사물을 다르게 볼 수 있습니다. 실제로 내면의 아군을 상상하는 것만으로도 진정 시스템(녹색 원)이 활성화될 수 있습니다.

잠시 시간을 내어 내면의 아군을 상상해 보시기 바랍니다. 나를 전적으로 돌봐줄 수 있는 사람을 상상해 본다면 어떤 모습이고 어떤 자질을 가지고 있을까요? 어떤 사람들은 온정적이고 자비로운 성품을 갖춘 가상의 인물을 선택합니다. 또 다른 사람들은 지지해 주고 동정 어린 친절을 베풀었던 실제 인물을 선택하기도 합니다. 그리고 어떤 사람은 내면의 아군을 지혜롭고 자비로운 사람으로 상상하기도 합니다.

내면의 아군을 상상할 때는 지금 내가 얼마나 힘든지를 알아주고, 나를 이해해 주고 온전히 받아들이며, 진정으로 아껴주고, 도와주고 싶어 하는 사람이 누구인지, 여러분이 진정으로 아끼고 사랑하는 사람이 원할 만한 그런 사람을 떠올려 보세요. 이 사람은 어려운 상황에 대응할 수 있게 도와줄 것입니다. 그리고 내면의 아군은 힘든 일이 닥쳐도 흔들리지 않는 강인함을 지녔다는 것을 기억하세요. 또한 이 내면의 아군은 따뜻하고 친절하며 수용적이고 현명합니다. 이 사람이 여러분을 어떻게 지지하고 격려하나요?

이제 내면의 아군이 어떻게 생겼는지 다음 페이지에 그려보고 그들의 가장 좋은 특성을 나열하세요.

내면의 아군을 부르겠습니다: _____

내면의 아군의 성품:

_____

_____

_____

》》 내면의 아군과 연결되고 싶은 시기는 언제인가요?

_____

_____

_____

》》 화가 날때 내면의 아군은 나에게 무엇을, 어떻게 말하나요? (실수했을 때 관리하는 방법에 대한 자세한 내용은 활동 21을 확인하세요.)

_____

_____

_____

수치심 다루기

🠖 알아야 할 것: 수치심이란 무엇일까?

자신감을 가로막는 또 다른 장벽은 수치심이라는 감정입니다. 수치심은 내면의 비판자와 특별한 관계가 있습니다. 수치심은 다양한 얼굴로 변장을 하고 여러 가지 감정과 행동 아래에 숨어 있어서 탐색하기가 어렵습니다. 사실, 수치심이 우리 마음을 차지하고 있다는 사실을 깨닫기 쉽지 않습니다.

수치심이란 무엇일까요? 수치심은 자신이 왠지 열등하고 나쁜 사람이라는 고통스러운 느낌, 즉 '나에게 뭔가 문제가 있다'는 느낌, 또는 '누군가 나를 정말로 알게 된다면 나를 받아주지 않을 거야'라는 느낌입니다. 폴 길버트 박사(2022)는 수치심을 외적인 수치심과 내적인 수치심 두 가지 유형으로 구분합니다. 다음 설명을 보고 다음과 같이 생각해 보세요. 두 가지 중 하나를 느낀 적이 있는지 생각해 보세요.

외적인 수치심	내적인 수치심

다른 사람들이 나를 나쁘게 볼 거야.	나는 내가 나쁘다고 생각해
다른 사람들이 나를 어떤 식으로든 용납할 수 없거나 나쁘게 생각할 것이라는 두려움 혹은 믿음. 사회 불안과 관련이 있음.	다른 사람의 생각과 상관없이 자신이 잘못되었고, 무가치하고, 본질적으로 나쁘다는 믿음. 실수를 하는 것은 자신이 얼마나 결함이 많은 사람인지를 드러내는 증거로 생각함. 우울증, 불안과 관련이 있음.

이 두 가지 형태의 수치심을 모두 경험하거나 한 가지 수치심을 더 자주 경험할 수도 있습니다. 두 가지 수치심 모두 다 불쾌감을 줍니다. 하지만 수치심은 인간의 보편적인 감정이며, 기분이 나쁘긴 하지만 생존에 필요한 부분입니다. 수치심을 악당이라 생각하지 마시고 자신의 행동을 조절하기 위한 안전 신호로 생각하세요. 수치심은 다른 사람들이 좋아하지 않는 방식으로 행동했을 때 작동하는 경향이 있고, 언제 우리 행동을 조정해야 하는지 알려주는 신호가 됩니다. 수치심이 불필요하게 작동하거나 너무 길게 나타날 수도 있습니다. 수치심이 오래 지속되면, 수치심에 사로잡혀 감정적으로 마비될 수 있습니다. 특히 자신에 대한 비판이 내면에 쌓이면 수치심은 더 강해집니다. 사실, 수치심과 내면의 비판자는 악순환의 고리를 만들며 서로를 먹이로 삼아 그 어느 때보다 마음을 힘들고 막막하게 만듭니다.

수치심은 모래 속에 가라앉는 느낌이라고 표현할 수 있습니다. 퀵샌드(바람에 쓸려온 모래더미) 이미지를 떠올려 보세요. 퀵샌드는 실제로는 사람을 빨아들이지 않는다고 합니다. 왜냐면 퀵샌드는 사람의 몸보다 밀도가 두 배나 높기 때문에 실제로 퀵샌드에 빠져서 익사하는 것은 거의 불가능하다고 합니다. 퀵샌드에 빠지면 불쾌하긴 하겠지만 실제로는 빠져 죽지는 않고 몸을 뜨게 해줍니다. 퀵샌드에서 빠져나오는 가장 손쉬운 방법은 단단한 지면으로 떠서 천천히 그리고 꾸준히 몸을 움직여 빠져나오면 됩니다. 수치심이 심할 때도 그 감정에 빠져서 발버둥치거나 갇혀 있다는 느낌을 갖기보다는 단단한 지면으로 천천히 이동하여 빠져나올 수 있습니다.

⤵ 해야 할 것

내적 수치심과 외적 수치심은 자신감과 타인과의 관계를 가로막는 장벽입니다. 퀵샌드 비유에서처럼, 발버둥 치지 않고 천천히 몸을 움직여 벗어나는 법을 배울 수 있다면 수치심을 극복할 수 있습니다. 이것이 여러분의 경험과 어떤 관련이 있는지 생각해 보세요.

➤➤ 내적 또는 외적 수치심을 경험했던 때를 떠올려 보세요. 각각 어떤 느낌이었나요? 그것이 자신감에 어떤 영향을 미쳤나요?

_____

_____

_____

_____

➤➤ 몸의 어디에서 수치심을 느끼나요? 잘 모르겠다면 다음 번에는 주의를 기울이고 여기로 돌아와서 관찰한 내용을 다이어리에 적어 보세요.

_____

_____

_____

_____

⤵ 더 해 볼 것

수치심은 여러분의 뇌가 단절(disconnection) 위험을 경고하는 안전 신호일 뿐이라는 사실을 기억하면 덜 무섭습니다. 내면의 비판자는 수치심을 느낄 때 도움이 되지 않으며 오히려 상황을 악화시킬 뿐입니다. 수치심에 대한 해독제는 이 책의 핵심 주제이자 진정 시스템의 핵심 부분인 자기연민입니다. 자기연민을 키우고 진정 시스템을 활성화하는 방법에는 여러 가지가 있습니다. 예를 들어, 내면의 연민심을 활용하고 판단하기보다는 호기심을 유지하는 것 등이 있습니다. 자신을 자꾸 판단하는 것은 수치심과 위협 체계의 수렁을 더 깊게 만들 뿐입니다.

호기심을 유지하고 수치심/내면의 비판자의 사이클을 끊는 좋은 시작은 그냥 이름을 붙여주는 것입니다. 이렇게 하면 더 깊이 빠져드는 것을 피할 수 있습니다. 수치심은 적이 아니라 좌절에 대한 과잉 보호 반응이라는 사실을 기억하세요. 또한, 수치심을 느낄 때 그 부분에 이름을 붙여주면 그 생각으로부터 약간의 거리를 둘 수 있어서 도움이 됩니다. 다음의 문장들은 수치심이 올라올 때 가라앉지 않고 단단한 지면 위에서 퀵샌드에 이름을 붙여주고 관찰할 수 있는 문장들입니다. 자유롭게 여러분만의 진술문을 추가해 보세요.

- ☐ 이것은 수치심이네. 수치심은 정상적인 감정이며 인간 경험의 일부일 뿐이야.
- ☐ 안녕, 수치심. 아 내면의 비판자가 또 끼어들어 오네.
- ☐ 이건 그냥 나의 위협 마인드야.
- ☐ 이것은 나를 보호하기 위해 애쓰고 있는 내 마음이 보내는 안전 신호일 뿐이야.
- ☐ 수치심과 내면의 비판자가 찾아오네. 내면의 아군을 활용해야지. 위협에 처했으니 자비로운 목소리가 필요하구나.
- ☐ _____
- ☐ _____
- ☐ _____

지난 활동에서 얻은 내면의 아군은 위협에서 벗어나 어떤 상황에서도 헤쳐 나갈 수 있는 용기, 힘, 지혜로 마음을 전환시켜 수치심을 없애는 데 도움이 될 수 있습니다.

내면의 아군을 불러내는 것은 수치심을 막는 강력한 방법이 될 수 있습니다. 다음 명상은 내면의 아군을 찾는 데 도움이 될 수 있습니다.

명상: 내면의 아군과 하나 되기

이 연습을 통해 내면의 아군을 굳건히 하고 강화하고 수치심과 내면의 비판자를 더 효과적으로 다룰 수 있습니다.

명상을 시작하기 위해 방해받지 않는 조용한 장소를 찾으세요. 편안하고 똑바로 선 자세에서 천천히 호흡에 집중하기 시작합니다. 속도를 늦추고 숨을 들이쉬고 내쉬는 것에만 집중하세요. 이제 자신에게 맞는 호흡 리듬을 찾아보세요. 들숨은 4까지 세고, 날숨은 다시 4까지 세는 식으로 해 보세요.

마음이 방황할 때는 정상적인 현상임을 기억하고 호흡에 다시 주의를 기울여 보세요. 흥분한 강아지를 떠올려 보세요. 강아지의 본성이 원래 그런 것이니 판단하지 마세요. 강아지는 너무 흥분할 수 있지만 해를 끼치는 것은 아닙니다. 그저 약간의 지도가 필요할 뿐이죠. 여러분도 그런 태도를 가질 수 있나요? 마음이 방황한다면 강아지의 마음이나 생각이라고 말하며 부드럽게 마음을 다잡아 보세요.

몇 분간 호흡에 집중한 후, 심장 주변으로 주의를 집중합니다. 호흡을 계속하면서 한 손을 심장 위에 올려놓고 가슴 부위를 느껴보세요.

그런 다음 호흡과 가슴에 여전히 연결되어 있는 상태에서 내면의 아군 이미지를 떠올려 보세요. 가상의 인물일 수도 있고, 실제 인물일 수도 있고, 서로를 돌보는 집단일 수도 있고, 가장 자비롭고 지혜로운 모습의 나 자신일 수도 있습니다. 이 내면의 아군은 지혜와 용기로 가득 차 있으며 여러분의 안녕을 위해 깊이 헌신하고 있습니다. 내면의 아군의 강력하고 배려심 넘치며 판단하지 않는 존재감을 느껴보세요.

저자 주: 오디오 버전은 http://www.newharbinger.com/50492에서 무료 도구로 제공됩니다.

이제 내 마음과 내면의 아군, 그리고 심장을 연결하는 빛의 광선을 상상해 보세요. 연민, 지혜, 편견 없는 태도, 자신감 등 긍정적인 자질을 받아들이는 자신을 느껴보세요. 내면의 아군의 강점을 받아들일 수 있도록 두 마음을 연결하는 빛이 더욱 강렬해진다고 상상해 보세요. 빛이 여러분을 더 가까이 끌어당기면서 두 마음 사이의 거리가 사라지는 것을 상상해 보세요. 빛이 여러분을 가까이 끌어당겨 내면의 아군과 합쳐져 이제 하나가 되었다고 상상하세요. 내면의 아군이 가진 자질을 받아들이고 그들의 친절과 힘이 마음에서 온몸으로 퍼져나가는 것을 상상하면서 조용히 앉아 있습니다.

명상을 마치면서 눈을 뜨고 내면의 아군은 항상 내 안에 있으며 필요할 때 이용할 수 있다는 것을 기억하세요. 하루 종일 누구를 만나든, 무엇을 만나든 언제나 내면의 아군을 불러올 수 있습니다.

>> 이 연습을 해 본 후 기분이 어떠신가요? 몸이 어떤 느낌인가요? 마음이나 몸, 정신에 어떤 변화가 느껴지나요?

_____

_____

_____

_____

_____

_____

≫ 연습하는 동안 마음이 방황하는 것을 느꼈나요? 자신에게 비판적이거나 가혹하게 대하지 않고 귀여운 강아지를 훈련시키듯 부드럽게 주의를 환기시킬 수 있었나요?

_____

_____

_____

_____

_____

≫ 이 연습이 언제 도움이 될까요? 내면의 아군을 불러오는 것이 도움이 될 수 있는 시나리오를 생각해 볼 수 있나요?

_____

_____

_____

_____

_____

결론

　이 책의 첫 번째 장을 읽으면서 자신감을 이해하는 데 도움이 되었기를 바라며, 다른 많은 사람들이 자신감을 잃는 이유에 대해서도 이해할 수 있게 되었기를 바랍니다. 좌절 후 어떻게 위협(빨간색 원)에 휩쓸릴 수 있는지 살펴봤습니다. 그런 다음 진정 원(녹색)을 활성화하는 방법을 살펴봤습니다. 또한 회피, 내면의 비판자, 수치심을 다루는 방법도 살펴봤습니다. 마음챙김과 자기연민의 도움으로 책 전반에 걸쳐 이러한 핵심 영역을 기반으로 자신감과 회복탄력성을 높일 수 있습니다. 다음 장에서는 여러분이 살아가면서 자신감을 높이기 위해 취할 수 있는 보다 구체적인 행동에 대해 살펴볼 것입니다. 나머지 활동은 1장의 장애물과 관련이 있으며, 위협(빨간색 원)에서 벗어나서 좀 더 도움이 되고 자신감 있고 중심을 잡는 상태(초록색 원)로 전환하는 방법에 대해 자세히 설명합니다. 언제든지 이 페이지로 다시 돌아와 주세요.

　1장에서 가장 도움이 되었던 부분은 무엇인가요?

_____

_____

_____

_____

_____

_____

제2장

학교생활

    이번 장에서는 많은 사람이 자신감을 갖기 어려워하는 학교라는 공간에 대해 살펴보겠습니다. 수업에 일찍 오거나 늦을 때 어색한 느낌, 손을 들거나 선생님과 대화하는 것, 누구나 두려워하는 수업 발표 등 학교생활이 두려움의 원인이 될 수 있는 이유는 매우 많습니다.

    학교를 힘들게 만드는 다른 요인도 있을 수 있습니다. 전학을 왔거나 과거에 힘든 사회적 경험을 한 적이 있을 수도 있습니다. 이해심이 부족한 선생님과 수업에서 좋지 않은 경험을 한 적이 있을 수도 있습니다. 학습 격차로 인해 학교 안에서 불편하고 자신감을 느끼지 못할 수도 있습니다. 또는 문화, 성별 또는 성 정체성과 관련된 요인이 작용할 수도 있습니다.

    학교에서 자신감을 떨어뜨릴 수 있는 근본적인 문제에는 어떤 것이 있나요? 이전 장의 장애물 중에서 좌절감, 회피, 내면의 비판자, 수치심 중 어느 것이 학교에서의 자신감에 영향을 미치나요?

    학교에서의 자신감을 떨어트리는 요인이 무엇이든, 이 장에서 여러 가지 기술들을 배워봅시다. 이 장은 학교생활로 제목이 달려 있지만, 모든 종류의 환경에서 연습을 활용할 수 있습니다. 자신감을 키우기 위한 노력과 자신을 긴장하게 만드는 일을 피하지 않고 기꺼이 다가가는 자세는 학창 시절이 한참 지난 후에도 도움이 될 것입니다.

활동 6

등교 전 마음의 중심 잡기

알아야 할 것

어떤 사람은 상쾌하게 일어나 자신감 있게 하루를 시작할 준비가 되어 있습니다. 또 다른 사람들은 하루가 시작되기도 전에 이미 기운이 빠지고 패배감을 느끼며 앞으로의 하루를 두려워하며 잠에서 깨어나기도 합니다.

하지만 아침 루틴은 조금 더 마음챙김을 한다면 자신감을 높이고 자기 의심을 막는 방법이 될 수 있습니다. 마음챙김은 판단하지 않고 호기심을 가지고 자신의 경험을 관찰하는 방법입니다. 또한 자신감이 낮을 때 피하고 싶은 일들에 계속 다가갈 수 있도록 도와주는 유용한 사용할 수 있는 기술입니다.

아무 생각 없이 하루를 시작하기보다는, 마음챙김과 의도(intention)라는 원칙을 활용한다면 균형감을 유지할 수 있고 하루를 기분 좋게 시작할 수 있습니다. 이 중 몇 가지를 일상에 적용해 보고 등교 준비를 하면서 상황이 조금 달라지는지 확인해 보세요.

해야 할 것

다음 의식(ritual)을 살펴보고 어떤 의식이 마음의 중심을 잡는 데 도움이 될지 생각해 보세요.

- **움직이기**: 아침에 일어나면 마음을 가다듬는 간단한 동작을 시도해 보세요. 가벼운 스트레칭이나 요가에서 하는 태양 경배 자세도 좋습니다. 온라인에서 짧고 쉬운 운동 동영상을 찾아 오늘 하루는 어떤 일이 닥쳐도 자신감과 능력을 발휘할 수 있도록 해 보세요.
- **깨끗하고 신선한 오감에 집중하기**: 규칙적인 위생 루틴을 하게 되면 오감을 이용해서 마음을 다잡는 연습을 하기가 좋습니다. 샤워할 때는 생각에 잠기지 말고 따뜻한 물이 피부에 닿는 느낌을 느끼고, 비누 냄새를 맡고, 소리를 듣고, 맛을 보고, 공기 중의 수증기를 보려

고 노력하세요. 머리를 빗거나 양치질을 하거나 화장을 하는 등 아침 준비를 할 때도 자동 조종(autopilot)에 이끌려서 하기보다는 오감을 느끼면서 준비해 보세요.

- **근사하고 마음에 드는 옷을 입기**: 자신감을 느끼게 하는 옷, 자신이 능력 있는 사람이라는 느낌을 주는 옷을 선택하세요. 자신만의 스타일로 옷을 입으며 하루를 시작하면 많은 사람이 자신감을 높일 수 있다고 합니다.

- **당당하고 기운차게 걷기**: 고개를 높이 들고 자신감 있는 자세를 유지하면 다른 사람의 비판이나 자기 비판을 바로 떨쳐버리기 쉽다는 것을 알게 됩니다. 똑바로 서서 어깨에 힘을 빼고 하루를 보내면 조금이라도 기운이 나지 않는지 관찰해 보세요.

- **음악으로 동기 부여**: 재생 버튼을 누르기만 하면 나의 어깨를 들썩이게 하는 플레이리스트가 있나요? 동기를 부여하고 활력을 주는 플레이리스트를 만들어 보세요. 도움이 된다면 춤을 추거나 잠시 몸을 움직여도 좋고, 등교하는 길에 가만히 앉아 듣기만 해도 좋습니다.

≫ 이 아이디어를 읽은 후, 의도적으로 하루를 더 차분하게 시작하는 데 도움이 되는 나만의 루틴을 생각해 보세요. 정신없이 서두르면서 아침을 시작하기보다 의도를 가지고 하루를 시작하면 어떤 이점이 있을까요? 하루를 시작할 때 마음을 다잡는 의식이나 의도가 여러분의 태도와 자신감에 어떤 영향을 미칠 수 있나요?

아침의 걱정거리들

⇥ 알아야 할 것

아침에 일어나자마자 학교 가는 것에 대해 걱정하거나 자기 의심에 사로잡힐 수 있습니다. 이렇게 부정적인 생각이 떠오를 때는 그럴 만한 이유가 있을 것입니다. 우리 뇌의 특성을 알면 해결할 수 있습니다.

걱정은 대체로 뇌의 부정 편향과 관련이 있습니다. 우리의 친한 친구인 릭 핸슨 박사의 말에 따르면, 인생의 부정적인 요소는 벨크로(valcro, 찍찍이)처럼 뇌에 달라붙는 반면 긍정적인 요소는 자연스럽게 튕겨져 나가는 경향이 있다고 합니다.

이러한 부정적 편향 때문에 우리 뇌는 하루 종일 자기 의심 쇼를 계속 반복해서 스트리밍하는 경우가 많습니다. 하지만 모든 문제에서 항상 좋은 생각만 할 수는 없습니다. 더 중요한 일들이 있기 때문입니다! 걱정하는 뇌는 도움이 안 되고 쓸모가 없습니다.

우리 뇌의 부정 편향이 많은 자기 의심을 불러일으키고 있다면, 우스꽝스럽게 들리지만 도움이 될 만한 연습을 소개합니다. 일부러 걱정해 보세요! 걱정을 연구한 많은 심리학자들은 이 방법이 정말 도움이 될 수 있다고 말합니다. 다음 이야기를 떠올리면 도움이 될 것입니다.

옛날 옛적에 명상 연습을 하고 싶어 하는 한 남자가 있었습니다. 하지만 명상을 하려고 앉을 때마다 그는 걱정과 의심에 시달렸습니다. 걱정과 씨름할수록 걱정은 더 커져만 갔고, 결국 그는 좌절감에 빠져 명상을 포기하고 말았습니다. (익숙하게 들리시나요?) 마침내 그는 산 정상에서 명상의 대가와 면담을 하였습니다. 명상 대가의 조언은 간단했습니다. "이번에는 명상 자세를 취하고 타이머를 5분으로 설정한 다음 아무 걱정도 하지 말라."고요.

남자는 다시 산 아래로 내려가 명상 쿠션에 묻은 먼지를 털어내고 타이머를 설정한 후 다시 걱정을 하기 시작했습니다. 하지만 그는 아무리 걱정하지 않으려고 해도 몇 분만 지나면 마음이 방황한다는 것을 알게 되었습니다. 걱정은 사라지지 않았습니다. 그래서 남자는 다시 산으로 올라가서 스승에게 불평을 하였습니다.

스승은 "마음이란 참 재미있는 것이란다. 이제 걱정거리를 가지고 다시 명상을 해 보라."라고 말했습니다.

그 남자는 집으로 돌아와 이번에는 (걱정을 없애려는 마음을 내려놓고) 의도적으로 약간의 걱정거리와 함께 명상을 시작하자 수행이 더 쉽게 된다는 것을 깨달았습니다.

이 이야기는 걱정과 씨름하는 데 시간과 에너지를 투자하면 걱정이 커질 수 있다는 것을 보여줍니다. 하지만 걱정을 없애려고 애쓰지 않고 걱정과 함께 하는 '투쟁 스위치'를 켜는 법을 배울 수 있다면 걱정은 더 쉽게 사라질 수 있습니다. 심지어 방황하는 마음의 속성을 활용할 수도 있습니다. 이 남자의 사례에서 알 수 있듯이, 애쓰지 않고 의도적으로 걱정거리에 매달리면 걱정은 때때로 제 갈 길을 가고 사라지게 됩니다.

이처럼 우리는 여러분이 의도적으로 걱정을 하도록 하여 실제로 여러분이 하는 걱정이 흘러가도록 도와드립니다.

⤵ 해야 할 것

아침에 떠오르는 걱정거리든 하루 종일 나를 괴롭히는 걱정거리든 일부러 의도를 갖고 걱정을 해볼 수 있습니다.

편안한 장소와 자세를 찾아 앉아서 걱정을 시작해 보세요. 5분 정도의 타이머를 설정하고 사소한 걱정부터 시작하거나 자신감이 부족한 상황을 떠올려 보세요. 걱정과 의심이 몸의 어느 부위에서 어떻게 나타나는지, 또는 그러한 감각이 얼마나 오래 지속되는지 주목하세요. 5분이 지나면 걱정거리에 의도적으로 집중하는 시간은 이제 끝납니다. 의도적으로 다음 일정으로 돌아가세요. 걱정이 다시 떠오르더라도 지금 눈앞에 있는 일에 집중하는 동안 그 걱정은 뒷전으로 밀려나도록 하세요.

의도적으로 걱정을 한 후 다음 질문에 답해 보세요.

>> 걱정은 어떻게 되었나요? 마음이 왔다갔다 하나요? 걱정이 사라졌나요?

_____

_____

_____

_____

하루가 끝나면 다시 한번 되돌아보며 생각해 보세요.

>> 나머지 하루는 어땠나요? 일부러 걱정하는 시간을 가지고 나니 나중에 걱정을 더 쉽게 처리할 수 있었나요?

_____

_____

_____

_____

>> 이야기 속에 나오는 남성은 걱정과 싸우려 하고, 걱정을 없애려고 애쓰는 것을 멈추자 더 편안해졌습니다. 걱정할 때 그것을 없애려고 애쓰는 스위치를 끄려면 어떻게 해야 할까요? 아침마다 떠오르는 걱정거리를 다루는 방식을 바꾸면 자신감에 그리고 하루의 나머지 시간에 어떤 영향을 미칠 수 있을까요?

_____

_____

_____

_____

교실에서 자신감 갖기

☑ 알아야 할 것

수업 시간이나 학교에 가장 먼저 도착해 본 적이 있나요? 일찍 도착하니까 루저가 된 것 같거나, 선생님과 단둘이 있어서 어색한 기분이 들 수도 있습니다. 또는 수업에 가장 늦게 들어와서 모든 사람의 시선을 받으며 자리에 앉을 때의 창피함을 느껴본 적이 있을 것입니다. 그 외에도 많은 일이 교실에서 자신감을 떨어뜨리는 원인이 될 수 있습니다.

이러한 상황에서 피하고 싶거나, 물러나고 싶거나, 숨고 싶은 마음이 드나요? 무엇이 이런 감정을 유발하는지 알아두면 도움이 될 수 있습니다. 수업에 가장 먼저 도착할 때? 꼴찌로 도착했을 때? 주목받는 다른 상황이 있나요?

수업 중에 걱정스러운 일이 생길 수도 있습니다. 다른 친구들이 나에 대해 어떻게 생각하고 행동할까, 선생님은 나를 어떻게 생각할까, 내 이름을 부르지 않을까, 수업 활동이나, 갑자기 퀴즈를 보는 것 등 주로 어떤 걱정거리가 있나요?

☑ 해야 할 것

재은이는 수업에 갈 때마다, 심지어 맛난 점심을 먹은 후에도 혹은 친구들과 복도를 걸을 때도 자신감이 무너졌습니다. 머릿속이 복잡해지고 심장이 두근거렸습니다. 재은이는 자신을 진정시키기 위해 수업에 임하는 루틴을 개발했습니다. 3-6-9 호흡, 가슴에 손 얹기, 그 외의 마음챙김 연습 등을 사용했습니다.

재은이는 또한 모든 수업을 시작할 때 언제든지 할 수 있는 마음챙김 자세를 따라 하는 것이 도움이 된다는 것을 알게 되었습니다.[1]

---

1) 저자 주: 오디오 버전은 http://www.newharbinger.com/50492에서 무료 도구로 제공됩니다.

스스로에 대해 간단히 점검해 보세요.

● 감각과 느낌(Senses and sensations)

● 감정(Emotions)

● 행동(Actions)

● 생각들(Thoughts)

먼저 수업에 들어가서 자리에 앉아 있는 자신을 상상해 보세요. 그런 다음 다음을 생각해 보세요.

S: 감각과 느낌

지금 여러분의 감각은 무엇을 말해주고 있나요?

안전, 위험 또는 그 밖의 어떤 것을 알려주는 무엇이 보이나요?

안전, 위험 또는 그 밖의 어떤 것을 알려주는 어떤 소리가 들리나요?

어떤 맛이나 냄새가 나나요?

≫ 좀 더 깊이 들어가면, 몸에서 어떤 감각을 느끼나요? 몸이 뜨겁거나 시원한가요? 심박수가 빠르거나 느린가요? 지금 몸이 보내는 다른 신호는 무엇인가요? 그 신호가 현실을 반영하나요?

_____

_____

_____

_____

_____

E: 감정

>> 지금 어떤 감정을 느끼나요? 자신감이 넘치나요, 아니면 불안한가요? 행복하거나 슬프나
요? 평화롭거나 화가 났나요? 답답한가요? 걱정되나요? 지루한가요? 차분한가요, 흥분되
나요? 지금 이 순간에 느끼는 감정들이 정확하거나 도움이 되나요?

_____

_____

_____

_____

_____

A: 행동

>> 어떤 행동을 취하고 싶다고 느끼거나 어떤 욕구, 충동을 느끼나요? 험한 말을 하고 싶나
요? 소리를 지르며 교실에서 도망치고 싶나요? 그냥 "잊어버리자"라고 말하면서 책상에
고개를 숙이고 싶나요? 아니면 수업에 참석하고 있는 지금 이 순간 스스로에게 좋은 친구
가 되고 싶은 마음이 생기나요? 이 순간에 어떤 행동이 더 도움이 될 수 있을까요?

_____

_____

_____

_____

T: 생각

≫ 어떤 생각이 떠오르나요? 이런 끔찍한 생각이 떠오를 수도 있습니다.

난 실패할 거야! 이 선생님이 싫어! 이 수업은 너무 지루해. 재성이가 내 옆에 앉지 않았으면 좋겠어.

🔁 더 해 볼 것

이제 SEAT(감각, 정서, 행동, 사고) 경험을 되돌아보고 다음 질문에 답하세요.

≫ 마음챙김 체크인을 통해 얻은 정보가 현실을 정확하게 반영하고 있나요? 자기 자신에 대해서 그리고 자신이 하고 있는 일에 대한 자신감을 높이는 데 도움이 되었나요, 아니면 그다지 도움이 되지 않았나요?

» 다음에 비슷한 상황에 처했을 때, 자기 의심이 생길 때, 이를 더 잘 관리할 수 있도록 자신의 경험과 친해지기 위해 무엇을 할 수 있을까요?

_____

_____

_____

_____

_____

» 모임이나 과외활동 등 마음챙김 시트(SEAT)를 사용할 수 있는 다른 경우를 생각해 보세요.

_____

_____

_____

_____

_____

앞으로 일주일 정도는 일상 생활에서 마음챙김 시트(SEAT) 연습을 해 보세요. 자신의 경험에 집중하면서 마음속으로 글자를 훑어 보세요. 연습을 통해 어려움에 직면했을 때 자신이 느끼는 감정을 더 정확하게 이해하는 데 도움이 되는지 살펴보세요. 그리고 어떤 행동이 필요한 자신감과 안정감을 회복하는 데 도움이 되는지 살펴보세요.

수업 시간에 발표하기

🔁 알아야 할 것

자리에 앉아서 수업에 집중하려고 해도 잘 안 될 때가 많습니다. 그것은 절반의 성공에 불과합니다. 손을 들고 말하려고 할 때나 선생님의 호명이 있을 때와 같은 특정 순간에는 여전히 자신감을 갖기 어렵습니다. 선생님이 여러분의 이름을 부르자마자 마음이 얼어붙거나 부끄럽거나 멍청한 말을 할까 봐 두려움에 사로잡힐 수도 있습니다.

이것은 수업 시간에 위험으로 느껴지는 상황에서, 즉 선생님과 반 친구들 앞에서 실수할까봐 두려워 마음이 그렇게 반응하는 것입니다. 이해할 만한 반응이지만, 그런 상황은 맞서서 싸우거나 도망칠 수 있는 종류의 것이 아니기 때문에 도움이 되지 않는 반응입니다.

수업 시간에 어떤 식으로든 자기 이름이 불리고, 불안감으로 떨리고, 자신감이 없을 때, 편리한 리모컨인 호흡 연습을 다시 한번 시도해 볼 수 있는 좋은 기회입니다.

🔁 해야 할 것

이 책의 앞부분에서 호흡 패턴이 기분, 감정과 어떻게 일치하는지, 기분이 호흡 패턴과 어떻게 일치하는지 배웠습니다. 평온하고 평범한 순간, 즉 좋아하는 일에 몰두하고 있을 때와 아무것도 하지 않고 있을 때의 호흡을 다음과 같이 몇 가지 물결 모양으로 스케치해 보세요.

아무것도 하지 않을 때

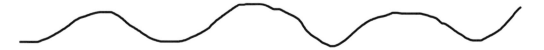

그런 다음 불안감을 느낄 때 숨소리를 스케치하세요. 다음과 같은 모양이 될 수 있습니다.

이제 불안한 숨소리를 스케치하며 점차 진정하고 자신감을 키워 보세요.

이제 차분하고 자신감 있는 호흡을 스케치하세요.

수업 중 혹은 어디에 있든 불안감을 느낄 때 호흡을 스케치해 보세요. 불안감을 느낄 때 호흡이 흐르는 모습을 묘사한 다음, 호흡을 조절하면서 어떤 일이 일어나는지 살펴보세요. 좀 더 자신감이 필요할 때 이상적인 호흡을 찾아 여기 또는 별도의 노트나 다이어리에 낙서한 다음, 수업 중에 다른 사람이 눈치채지 못하게 숨을 쉬면서 그 선을 따라가 보세요.

⤵ 더 해 볼 것

호흡을 스케치한 후 다음 질문에 답하세요.

》 감정 기복이 심할 때 호흡 패턴이 달라지는 것을 느꼈나요? 어떤 패턴이었나요?

_____

_____

_____

_____

》 차분하고 자신감이 넘칠 때 어떤 패턴을 보이나요?

_____

_____

_____

_____

주장하기

🔁 알아야 할 것

교사나 권위 있는 사람에게 자신을 주장할 때 자신감이 떨어질 수도 있습니다. 힘들고 불편할 수 있다는 것을 이해합니다. 하지만 침착하게 자신을 주장하는 것은 자신감을 높이고 스트레스를 더 잘 관리할 수 있는 중요한 생활 기술입니다.

자기주장이란 다른 사람을 무시하지 않고 자신을 표현하는 것을 의미합니다. 자기주장은 자신감과 건강한 인간관계에 필수적인 커뮤니케이션 기술이며, 연습을 통해 향상시킬 수 있는 기술입니다. 자기주장력을 키우려면 일반적으로 두 가지가 필요합니다. 자신과 듣는 사람을 존중하면서 건강한 의사소통 기술을 연습하는 것입니다. 즉, 침묵하지 않고 신중하게 발언하되 듣는 사람을 깎아내리거나 공격하지 않는 방법을 배우는 것입니다. 상대방을 존중하는 태도로 메시지를 전달할 수 있다면 사람들은 방어적인 태도를 덜 취하고 더 잘 경청하는 경향이 있습니다. 이렇게 하게 되면 더 생산적인 대화를 할 수 있고 더 돈독한 관계를 맺을 수 있습니다.

자기주장을 연습하면 할수록 더 쉬워집니다. 다음 이야기에서는 네 가지 커뮤니케이션 스타일과 이를 개선할 수 있는 방법을 소개합니다.

국어 선생님은 학생들에게 단호한 선생님으로 유명했습니다. 학생들은 국어 선생님을 좋아했지만 조금은 무서워했습니다. 시험을 볼 때 학생들은 마지막 문제 몇 개가 이상하다는 것을 알아차렸습니다. 대부분의 학생은 겁이 나서 이에 대해 선생님에게 한마디도 하지 못했습니다.

두 명의 학생을 제외하고는 모두 선생님과의 대화를 피했습니다. 그러나 제이는 상황을 피하는 학생이 아니었고 국어 선생님과 맞서기로 결심했습니다. 제이는 비난처럼 들리는 '당신'이라는 표현을 사용하면서 꽤 강한 어조로 대화를 시작했습니다. 제이는 "당신(선생님)은 시험문제를 잘못 냈어요."라고 말했고, 대화는 거기서부터 내리막길을 걸었습니다. 제이는 충분히 자신 있게 말할 수 있었지만, 선생님을 존중하지 않는 공격적인 스타일을 사용했습니다. 제이는 자신의 말이 어떻게 전달될지 생각할 시간을 갖지 않았고 국어 선생님도 너무 당황한 나머지 제이가 말하는 요점을 놓치고 말았습니다.

반면 지수는 선생님께 이메일을 보내기로 결정했습니다. 제이가 했던 방식으로 국어 선생님을 화나게 하고 싶지 않았기 때문입니다. 하지만 이메일에서 모호한 표현을 사용하였고 간접적으로 의사를 표현했습니다. 지수가 무슨 말을 하려는 것인지 이해하지 못한 국어 선생님은 교과서 페이지 번호를 알려주면서 추가 읽기를 권유하는 답장을 보내왔습니다. 지수의 이메일은 정중했지만 수동적이고 간접적인 커뮤니케이션 스타일을 사용했습니다. 그래서 제이와 마찬가지로 자기가 말하고자 한 메시지를 선생님께 전달하지 못했습니다.

이 일을 겪은 후 지수는 자신감이 부족해서 선생님에게 모호하고 간접적으로 이야기하였다는 것을 깨달았습니다. 국어 선생님은 지수의 마음을 읽을 수 없었습니다. 그래서 지수는 접근 방식을 바꾸고 다시 시도하기로 결정했습니다. 선생님과 이야기할 때 긴장하는 것은 당연하다고 여기면서 스스로에게 상기시켰습니다. 또한 애초에 왜 선생님께 이 말을 해야만 하는지 그 이유와 연결시켜 생각해 보았습니다. 지수는 불편하고 긴장되는 마음을 가다듬으며 국어 선생님께 다시 다가가야겠다고 생각했습니다.

자기주장 기술을 연습하기 위해, 그리고 더 나은 성적을 받기 위해 국어 선생님을 찾아간다는 사실이 떠올랐습니다. 지수는 의도적으로 시간을 들여 다음 날 직접적이고 조금 더 명확한 질문을 생각해 냈습니다.

두 번째 시도에서 지수는 분명하게 표현했습니다. 지수는 국어 선생님이 한 실수를 비난하지 않으면서도 자신의 감정과 의견을 분명히 전달할 수 있는 '저'라는 1인칭 문장을 선생님과 대화할 때 사용했습니다.

"저는 시험의 마지막 두 문제를 선생님께서 잘못 내신 거 같다는 생각이 듭니다."라고 말한 다음 정중하면서도 직접적인 요청을 했습니다: "실수가 있다면 다시 한번 확인하고 점수를 주실 의향이 있으신가요?"라고요.

국어 선생님은 지수가 옳았다는 것을 알 수 있었습니다. 선생님은 지수의 말을 인정하고 지수가 보인 부드러운 표현과 자신감을 높이 평가했습니다. 또한 국어 선생님은 반의 나머지 학생들에게도 시험 문제를 다시 한번 확인하고 정당한 경우 점수를 주겠다고 알렸습니다. 지수는 결국 선생님이 그렇게 무섭지 않다는 것을 깨달았고, 두 사람은 더욱 좋은 관계를 이어갔습니다. 국어 선생님도 지수와 마찬가지로 용기 있고 도전적인 분이었습니다.

⤵ 해야 할 것

지수의 이야기에서 회피형, 간접형, 공격형, 주장적 등 다양한 의사소통 스타일을 고려해 보고 자신의 일반적인 의사소통 스타일에 대해서도 생각해 본 뒤 다음 질문에 답하세요.

>> 친구, 선생님 또는 새로운 사람을 만날 때 일반적인 커뮤니케이션 전략이 있나요? 어떤 영역에서는 더 적극적이고 다른 어떤 영역에서는 소극적인가요? 어떤 영역에서 좀 더 적극적으로 의견을 밝히면 도움이 될 수 있을까요?

>> 듣는 사람에 초점을 맞춘 '너, 당신'이라는 표현보다 자신에게 초점을 맞춘 '나'라는 표현을 사용하는 것이 커뮤니케이션에 어떤 영향을 미친다고 생각하나요?

>> 어려운 상황에서 자신의 마음을 잘 표현하기 위해 어떤 대응을 할 수 있나요? 매장이나 식당에서 자기표현을 해 보기 등 일상에서 더 쉽게 시작할 수 있는 상황을 고려해 볼 수 있을까요?

_____

_____

_____

_____

더 해 볼 것

지수의 이야기는 주장적 커뮤니케이션 스타일을 통해 국어 선생님이 자신과 반 친구들이 생각했던 것만큼 무서운 존재가 아니라는 사실을 깨닫는 데 어떻게 도움이 되었는지 보여줍니다. '나와 똑같이(just like me)'라는 간단한 마음챙김 연습을 해보는 것도 말을 하기 전에 유용할 수 있습니다. 이 연습을 통해 서로 간의 다름에 연연해하지 말고 우리 모두 같다는 점을 기억하는 데 도움이 될 수 있습니다.

먼저 생각해 볼 사람을 정하세요. 선생님이나 코치처럼 대화를 나누고 싶은 사람일 수도 있고, 저녁 식사를 서빙해 주는 식당 종업원처럼 좀 더 중립적인 사람을 대상으로 연습을 해 볼 수 있습니다. 이 사람과 나는 많은 차이점이 있지만 서로 닮은 점이 있습니다. 이 사람을 떠올리고 스스로에게 상기시켜 보세요.

이 사람도
- 나와 똑같이 몸과 마음이 있습니다.
- 나와 똑같이 감정과 생각이 있습니다.
- 나와 똑같이 스트레스를 받습니다.

- 나와 똑같이 긴장하고 있습니다.
- 나와 똑같이 좌절을 겪고 있습니다.
- 나와 똑같이 걱정거리가 있습니다.
- 나와 똑같이 사람들과 어려움을 겪고 있습니다.
- 나와 똑같이 인생에 대해 배우고 있습니다.
- 나와 똑같이 행복해지길 바라고 있습니다.

이제 이 사람의 건강과 행복을 기원하는 마음이 일어나도록 해 보세요.

"이 사람이 평화롭고 행복하기를 바랍니다."

"이 사람도 나와 같은 인간이기 때문에 사랑받았으면 좋겠어요."

》 이 연습은 어떤 느낌이었나요? 언제 '나와 똑같이'를 사용하면 도움이 될까요?

_____

_____

_____

_____

_____

_____

_____

_____

활동 11 학업 좌절감

📑 알아야 할 것

이 책의 서두에서 낮은 모의고사 성적을 회복하는 데 어려움을 겪고 있던 민서에 대해 읽었습니다. 활동 2에서는 민서가 어떻게 자신의 진정 시스템을 활성화하여 감정에 압도당하지 않는 방법을 배웠는지 살펴봤습니다. 그 외에도 몇 가지 다른 것들이 학교에서 자신감 위기를 극복하는 데 도움이 되었습니다.

민서는 자신이 지능에 대해 잘못된 생각을 가지고 있다는 것을 알게 되었습니다. 민서는 사람들은 똑똑하거나 멍청하다는 이분법적인 생각을 하며 치료를 시작했습니다. 그리고 첫 번째 비참한 모의고사 점수를 받은 후, 민서는 자신이 그렇게 똑똑하지 않다고 생각했습니다. 이런 생각은 자신감뿐만 아니라 공부를 하려는 마음과 노력에도 영향을 미쳤습니다. 자신이 그렇게 똑똑하지 않다는 확신이 든다면 공부하는 것이 무슨 소용이 있을까요?

민서의 상담사는 민서에게 지능, 성취, 실패에 대한 관점을 다시 생각해 보도록 했습니다. 민서는 수십 년 동안 실패와 성공을 연구한 스탠퍼드 연구원 캐롤 드웩의 연구에 대해 알게 되었습니다.

드웩 박사(2007)는 고정과 성장이라는 두 가지 공통된 마인드셋을 확인했습니다.

드웩 박사는 성장 마인드셋을 가진 사람들은 실패를 했을 때 다시 일어나고 좌절을 통해 배우고 성장할 수 있는 기회로 여긴다는 사실을 발견했습니다. 또한 고정된 마인드셋을 가진 사람들은 실패를 피할 수 없는 것으로 여기기 때문에 포기하고 더 큰 자신감을 잃게 된다는 사실도 알게 되었습니다.

하지만 드웩 박사는 사람들이 마인드셋을 바꿀 수 있다는 사실도 발견했습니다. 따라서 고정된 마인드셋을 가지고 있다면 성장하는 마인드셋으로 바꾸는 법을 배워 실망감을 느낄 때마다 자신감을 가지고 다시 일어설 수 있습니다.

여기서 핵심은 유연한 두뇌입니다. 새로운 것을 배우거나 새로운 기술, 취미 또는 과목에 노

고정형 마인드셋	성장형 마인드셋
● 나는 똑똑하거나 멍청하거나 둘 중 하나이다.	● 시간과 노력을 들이면 더 똑똑해질 수 있다.
● 어렵다면 포기해야 한다.	● 여러가지 도전을 하고 그 경험으로부터 배운다.
● 노력은 무의미하다.	● 노력은 보상을 해준다.
● 피드백은 원치 않는다.	● 피드백은 학습에 도움이 된다.
● 다른 사람의 성공은 나를 기분 나쁘게 한다.	● 다른 사람의 성공은 나에게 영감을 준다.

낮은 성취	높은 성취
잠재력 이하의 수행	잠재력을 최대한 발휘

력을 기울이는 것은 실제로 뇌를 변화시키고 자신을 더 똑똑하게 만드는 것입니다. 이를 신경가소성(neuroplasticity)이라는 멋진 용어로 표현할 수 있는데, 신경가소성은 여러분의 행동이 뇌를 변화시킬 수 있는 힘을 가지고 있다는 것을 의미합니다. 우리는 "똑똑하다" 또는 "멍청하다"라는 메시지를 너무 많이 받고 자랍니다. 신경가소성은 우리의 뇌가 유연하기 때문에 새로운 기술이나 학습에 어려움을 겪고 있다고 해도 더 똑똑해지거나 기술을 향상시키기 위해 무언가를 할 수 있다는 것을 말합니다.

민서는 고정된 사고방식에 사로잡히기 시작했습니다. 이런 현상이 수능뿐만 아니라 쉽게 일어나지 않는 모든 일에 이런 고정된 사고방식을 적용하는 경향이 있다는 것을 알게 되었습니다. 민서는 자신의 고정된 사고방식을 알아차리고 보다 유연한 사고방식으로 전환하기 시작했습니다. 한 가지 방법은 '아직'이라는 강력한 단어를 추가하는 것이었습니다. "저는 모의고사를 엉망으로 봤어요"라고 말하는 대신 "아직 원하는 점수를 받지 못했어요"로 바꾼 것입니다. 시간이 지남에 따라 민서는 시험 성적 등 학업과 관련된 벽에 부딪히거나 목표를 달성하지 못했을 때 도움이 될 수 있는 성장 마인드를 더 많이 가질 수 있었습니다.

해야 할 것

성장형 마인드셋과 고정형 마인드셋에 대해 배운 후, 자신의 마인드셋이 삶에 어떤 영향을 미치는지 생각해 보세요.

>> 지능과 능력에 대해 어떻게 생각하시나요? 성장형 마인드셋과 고정형 마인드셋 중 어느 쪽에 더 가깝다고 생각하시나요? 인생에서 성장 마인드가 더 필요한 분야는 어디인가요?

_____

_____

_____

_____

_____

>> 좌절을 겪을 때 고정형 마인드셋과 성장형 마인드셋 중 어떤 것이 더 유리할까요? 그것이 자신감과 노력에 어떤 영향을 미칠 수 있을까요?

_____

_____

_____

_____

_____

>> 고정된 마인드셋을 가지고 있는 또 다른 영역은 어느 것일까요? 어떻게 하면 더 성장적인 마인드셋으로 바꿀 수 있을까요? 시작하는 데 도움이 되는 몇 가지 예를 나열해 보았습니다. 고정형 마인드셋을 성장형 마인드셋으로 의도적으로 인식하고 전환할 수 있는 방법에 대해 생활 속 몇 가지 예를 추가해 보세요.

고정형	➡	성장형
나는 할 수 없다.	➡	아직 노력 중이고 여전히 노력하고 있다.
나는 기하학에 소질이 없다.	➡	더 나아지려면 어떻게 해야 할까?
나는 공부에 소질이 없다.	➡	아직은 잘하지 못한다.
모두가 나보다 축구를 잘한다.	➡	연습하고 더 나아지는 방법을 찾을 수 있다. 다른 사람들로부터 무엇을 배울 수 있을까?
너무 어렵다.	➡	아직 노력 중이며 더 많은 연습을 하면 더 쉬워질 것이다.
	➡	
	➡	
	➡	
	➡	
	➡	

발표 수업

↪ 알아야 할 것

이 활동에서는 많은 사람이 스트레스를 받는 과제, 즉 수업 시간에 프레젠테이션을 하는 것과 같은 발표 두려움에 대해 살펴볼 것입니다. 회의를 주최하고 대중 앞에서 발표를 자주 하는 성인으로서 말하자면, 많은 사람이 대중 앞에서 발표하는 데 자신감이 부족하다는 것을 알 수 있습니다. 따라서 발표의 비결은 겁내지 않으려는 것이 아닙니다. 비결은 겁을 먹는 것이 자연스러운 일이며, 어쨌든 그냥 하는 것입니다.

대중 앞에서 발표할 때 사실 가장 어려운 부분은 발표하는 그 순간보다는 발표하기 바로 직전 1~2분입니다. 그 시간만 잘 넘길 수 있다면 보통은 괜찮습니다.

긴장이 되기 시작할 때 사용할 수 있는 전략이 있습니다. 오랫동안 배우로 활동했던 친구가 가르쳐준 작은 비결이 있는데, 그는 '두려움 뒤집기(flip the fear)'라고 부릅니다. 이 방법은 발표 직전 잘 할 수 있을까 하는 의심에서 나오는 몸의 두려움 반응을 알아차리되, 그 반응으로 당황하기보다는 실제로는 설레고 있다고 스스로에게 말하는 것입니다.

롤러코스터를 타고 있다고 상상해 보세요. 기차가 가파른 경사면을 천천히 올라가는데 심장이 두근거리고 숨이 가빠지며 손바닥에 땀이 나기 시작합니다. 롤러코스터는 위아래로 움직이며 속도를 올립니다. 이제 여러분은 비명을 지르지만 롤러코스터를 재미있게 즐기고 있습니다!

'두려움 뒤집기'도 같은 원리로 작동합니다. 긴장되는 일을 하기 직전에 느끼는 감정이 두려움(fear)이 아니라 설렘(excitement)이라고 스스로에게 확신시킬수만 있어도 자신감 향상에 상당한 변화가 나타납니다.

⊡ 해야 할 것

삶에서 두려움을 뒤집는 방법을 생각해 보고 다음 질문에 답하세요.

≫ 학교나 다른 곳에서 사람들 앞에 서거나 어떤 식으로든 관심을 끌 수밖에 없어서 긴장을 하게 되는 상황에는 어떤 것이 있나요? 대중 앞에서 연설할 때, 스포츠 활동, 데이트와 같은 사교적인 상황일 수 있습니다.

_____

_____

_____

_____

≫ 이 순간에 몸이 긴장하거나 흥분한 것을 알려주는 방법에는 어떤 것이 있나요?
  (심장이 두근거리고, 호흡이 빨라지는 등)

_____

_____

_____

_____

이제 이러한 상황 중 하나에 처한 자신을 시각화하되 실제로는 두려움이 아니라 설렘이라고 생각하세요.

어쩌면 그것이 실제로는 두려움과 설렘 둘 다라고 생각하는 것이 더 기분이 좋고 더 솔직한 것일 수도 있습니다.

설렘을 느끼고 있지만 두려움이 지배하도록 내버려 둘 필요는 없습니다.

다음에 수업에서든 어디서든 발표를 해야 할 때, 두려움을 뒤집을 수 있는지 확인하세요. 발표를 앞두고 두렵기도 하지만 설레고 있다는 것을 스스로에게 납득시킬 수 있나요? 어쩌면 여러분은 수업시간에 뭔가를 발표하는 것에 대해 약간 긴장되지만 교실의 다른 아이들과 발표물을 공유하게 되어 기쁘기도 합니다. 결국, 발표를 잘 했다면 자신이 한 발표에 자신감을 가질만한 가치가 있습니다! 아니면 조금 긴장되더라도 팀을 위해 도전하고 자신이 가지고 있는 기술들을 뽐내는 것이 얼마나 설레는지 느낄 수 있습니다. 또는 연극 오디션을 보는 것이 조금 두렵더라도 얼마나 설레는지 알 수 있습니다.

어떤 상황에서든, 두려움을 뒤집는 방법, 즉 신경이 긴장되는 느낌을 설렘의 신호로도 해석할 수 있다면 자신감이 높아질 것입니다.

➡ 더 해 볼 것

시인 마야 안젤루(Maya Angelou)[2]는 자신감의 비밀을 이야기한 적이 있습니다. 대중 연설을 하기 전에, 그녀는 자기에게 친절을 베풀었던 모든 사람들을 "나와 함께 가자. 난 지금 네가 필요해."하고 머리속으로 데리고 오는 상상을 하곤 했습니다. 이런 상상을 하는 것만으로 마야는 지지와 격려를 받는 느낌이 들었고 대중 앞에서 발표할 때 자신감을 가지고 성취감을 느끼는 데 도움이 되었다고 합니다. 그녀는 자신의 삶에서 조력자들을 구름 속의 무지개로 생각하였고, 자신 또한 다른 사람들의 구름 속의 무지개가 되는 것을 목표로 삼았습니다.

---

[2] 'Maya Angelou, rainbow in the clouds'(역자 주: 마야 안젤루, 엄마, 나 그리고 엄마, 새장에 갇힌 새가 왜 노래하는지 나는 아네)를 검색하면 많은 짧은 동영상을 찾을 수 있습니다.

≫ 사람들 앞에서 말하기 전에 상상 속으로 친절한 사람들을 불러온다면, 어떤 사람들이 그 집단에 들어와 있나요?

_____

_____

_____

_____

_____

≫ 생활하면서 어떤 상황에 처했을 때 친절 분대를 상상 속으로 불러와서 도움을 얻을 수 있을까요? 어떻게 도움이 되나요? 여러분의 성취에 어떤 도움이 될까요?

_____

_____

_____

_____

_____

하루를 보내면서, 어떻게 하면 여러분 주변의 세상 속에서 자신감과 친절을 키울 수 있을지 생각해 보세요.

활동 13 압박감 속에서 수행하기

알아야 할 것

수업 시간의 발표는 고등학교에서 뛰어넘어야 할 많은 관문 중 하나입니다. 하지만 이보다 더 '죽느냐 사느냐'를 느끼게 하는 관문은 어떤 것일까요? 챔피언십 경기에서 타석에 서거나, 마지막 수능을 앞두고 있고, 대학 면접을 보러 가는 것과 같이 고등학교 과정에는 심적 부담을 주는 압박감의 파도가 있습니다. 이럴 때 자신감은 여러분에게 필요한 활력을 줄 수 있습니다.

그러나 결과에 많은 것이 달려 있다는 생각을 하면 자신감과 근성이 여간해서는 잘 안 생긴다고 느껴지기도 합니다. 작가 어니스트 헤밍웨이(Ernest Hemingway)는 '근성/배짱(guts)'을 압박감 속에서도 우아함을 갖는 것으로 정의했습니다. 부끄러움을 잘 타거나 천성적으로 끈기가 아직 없다고 느낄지라도 압력솥이 끓는 순간 더 중심을 잡는 법을 배울 수 있습니다. 폴 길버트(Paul Gilbert) 박사가 창안한 다중 자기(Multiple Selves)라는 연습은 마음이 몹시 힘들게 느껴질 때조차도 압박감 속에서 자신감을 키우는 데 도움이 될 수 있습니다. 다음 이야기[3]는 다중 자기에 대한 아이디어[4]를 소개합니다.

배의 선장

여러 명의 승객을 태우고 바다를 항해하는 배를 상상해 보세요. 배에 딴 승객은 여러 감정 상태를 나타내는 여러분의 또 다른 버전[5]입니다. '화가 난다' '슬프다' '불안하다' 등 모든 감정 상태는 여러분이 주로 느끼는 감정들입니다.

이제 여러분의 또 다른 버전은 무엇을 하고 있을지 상상해 보세요. 잔잔한 바다를 항해하면서

---

3) Kolts, 2016 및 Kolts & Chodron, 2015의 허가를 받아 각색
4) 오디오 버전은 http://www.newharbinger.com/50492에서 무료 도구로 사용할 수 있습니다.
5) 역자 주: version은 파트(part)라고 볼 수 있습니다.

화가 난 여러분은 무엇을 하고 있을까요? 어쩌면 불안한 여러분의 버전은 쌍안경을 들고 감시대에 서서 일어날지 모르는 모든 끔찍한 일들을 정찰하고 있을지도 모릅니다.

피할 수 없는 폭풍우를 지날 때 어떤 일이 일어날지 상상해 보세요. 폭풍우가 거세지자 승객들은 저마다의 독특한 방식으로 감정에 휩싸입니다. 폭풍이 거세질 때 화가 난 여러분의 버전은 어떻게 할 것인가요? 아마도 화를 내고, 소리를 지르고, 앞을 가로막는 사람들을 비난하고 있지는 않나요? 불안한 여러분은 어쩌면 어딘가에 숨어 있거나 서성거리고 있을지도 모릅니다. 슬프고 포기하는 여러분의 모습은 어떨까요?

여기서 한 가지 좋은 소식은 화가 나고, 불안하고, 슬픈 여러분의 또 다른 버전이 배의 운전대를 잡지는 않는다는 것입니다. 이 배에는 이런 순간을 위해 선장이 버티고 있습니다. 선장은 거친 바다를 이해하고 무엇을 해야 하는지 알고 있습니다. 그들은 전문 지식으로 배를 조종할 뿐만 아니라 태풍의 눈 앞에서 침착하고 중심을 잘 유지합니다. 무엇보다도, 선장은 여러분의 또 다른 버전, 즉 여러분 자신입니다. 여기서 선장은 자신감 넘치는, 현명하고 배를 안전한 곳으로 이끌 용기를 가진 여러분이라는 것이지요.

선장은 너무나 차분하게 승객을 진정시키면서 혼란스러운 배를 길들이며 앞으로 나아갑니다. 선장은 승객들이 내는 분노의 고함 소리에 짜증을 내거나 불안과 공포에 정신이 팔리지 않습니다. 선장은 승객 중 누구도 나쁘지 않으며 누구도 배 밖으로 나갈 필요가 없다는 것을 이해합니다. 그들은 단지 안심이 필요할 뿐이라는 것을 알고 있습니다. 선장은 타고 있는 승객들이 각자의 방식으로 무서운 폭풍 속에서 할 수 있는 일을 하고 있을 뿐이라고 생각합니다. 그리고 이러한 이해심을 바탕으로 선장은 승객을 위로하고 안심시킵니다.

자신감 넘치는 선장은 동정심으로 가득 차 있어 위험과 순간의 압박감을 견디면서 승객을 위로할 수 있는 힘을 줍니다. 선장은 근성과 우아함을 가지고 앞장섭니다. 그리고 마침내 승객은 선장이 키를 잡고 있어 안전하다고 느낍니다. 선장은 그들 모두를 안전한 곳으로 대피시키는 방법을 정확히 알고 있습니다. 선장은 이 폭풍과 그 뒤를 이을 모든 도전에 맞설 준비가 되어 있습니다.

이 이야기에 나오는 폭풍은 인생의 험난한 폭풍우와 비슷한데, 여기에는 왔다가 사라지는 위험하고 압박이 심한 시나리오가 들어있습니다. 선장은 폭풍우 속에서 점점 커져가는 도전감과 복합적인 감정을 헤쳐 나가기 위해 우리가 바꿀 수 있는 어떤 상태를 나타냅니다. 선장은 위협적인 감정을 판단하거나 그러한 감정이 배를 지배하고 조종하게끔 내버려 두지 않고 이해할 수 있게끔 해 줍니다. 여러분은 감정적으로 어려운 상황이 될 때 차분하고 현명한 선장을 포함하여 여러 버전(파트)의 자기가 있다는 것을 기억하세요. 다음 질문들에 답하고, 특히 위험하고 힘든 시기에 가장 현명하고 용감한 사람으로 변하는 법을 배움으로써 실제로 어떤 도움을 얻을 수 있을지 생각해 보세요.

⊒ 해야 할 것

>> 여러분의 삶에서 뭔가 수행해야 한다는 강한 압박감으로 어려움을 겪고 있을 때를 생각해 보세요. 시합 하는 날, 시험 응시 또는 시끄러운 카페에서 사람들과 어울리면서 친교를 나누려고 애쓰는 모습일 수 있습니다.

>> 눈을 감고 압박감이 높을 때 불안한 모습이 떠올랐던 특정한 때를 떠올려 봅니다. 몸에서 어떤 느낌이 들었나요? 여러분의 생각과 느낌은 어땠나요?

≫ 현명하고 자신감 있는 버전으로 전환하는 법을 배우는 것이 어떻게 도움이 될 수 있나요?

_____

_____

_____

이 활동의 다음 부분에서는 내면의 자신감 넘치는 선장과 연결됩니다.

🔁 더 해 볼 것

여러분 안에 있는 선장 이미지를 불러와서 다음 구절을 읽고, 되짚어 보고, 연결될 수 있는 편안한 장소를 찾으세요.

편안하게 앉아서 몇 분 동안 숨을 천천히 들이쉬고 내쉽니다. 마치 바다의 파도처럼 평소 호흡보다 느린 편안한 리듬으로 내쉬어 봅니다.

이제 눈을 감고 배의 선장을 마음의 전면에 초대하세요. 용감하고 현명하고 자신감 넘치는 자기 모습을 떠올려 보세요. 이 선장은 속도를 늦추는 것부터 시작합니다. 천천히 들이마시고 내쉬면서 조용하고 차분하게 현존[6]을 느낍니다. 이 현존은 기술, 지혜, 용기를 가지고 까다로운 바다를 항해하는 데 도움이 될 수 있습니다.

선장이 키를 잡는 모습을 상상하다 보면 최선을 다하는 데 도움이 될 만한 용기, 중요한 일에 집중할 수 있는 지혜를 느낄 수 있습니다. 이렇게 자신감 있는 여러분의 모습은 어떤 일의 결과나 어떻게 평가받을지 지나치게 신경 쓰지 않습니다. 대신, 여러분이 순간순간 최선을 다할 수 있게 해주고, 힘과 회복탄력성으로 그 순간을 맞이할 수 있게 해줍니다.

---

6) 역자 주: 지금 여기에 존재한다는 느낌

여러분 내면에서 솟아오르는 선장의 자질을 계속 느껴보세요. 선장 버전은 여러분의 삶에서 펼쳐지는 모든 것을 지혜롭게 헤쳐 나갈 수 있도록 만들어진 여러분의 한 부분입니다. 이 선장 버전은 압박감이 큰 순간에도 도전에 대처할 수 있도록 도와줍니다. 이 선장은 내면에서 소용돌이칠 수 있는 모든 감정을 판단하려고 하려고 하지 않습니다. 선장이 가진 자신감은 여러분이 원하는 것을 잘 파악하고 여러분이 가고자 하는 방향으로 갈 수 있도록 안내합니다.

자신감 넘치는 선장은 인생은 하나의 결과물이 아니고 장대한 여정이라는 것을 알고 있습니다. 선장은 높은 목표를 가지고 있지만 결과보다 최선을 다하는 것이 더 중요하다는 것도 알고 있습니다. 사실, 이러한 자신감은 압박감을 느끼는 상황에서 온갖 산만한 마음이 생기는 것을 알아차리고 걸러내고 여러분이 통제할 수 있는 것에 집중할 수 있도록 도와줍니다. 자신감 있는 모습은 어떤 결과든 감당할 수 있다는 믿음을 가지고 적절한 노력을 하는데 도움이 됩니다. 그리고 결과가 실망스럽더라도 자신감 있는 버전은 이것이 배움의 일부이며 삶의 여정의 일부라는 것을 알게 해줍니다. 이 자신감은 여러분이 겪는 어떤 일도 여러분이 누구인지 혹은 무엇인지를 나타내는 마지막 단어가 아니라는 점을 알게 해주고 여러분을 위로하고 안심시키는 방법을 알고 있습니다. 여러분이 누구인지는 항상 변하고 있으며, 그 길이 폭풍처럼 느껴질 때조차도 자신감을 가지고 삶을 헤쳐 나갈 수 있는 힘이 있다는 것을 인식하시길 바랍니다.

자신감 넘치고 현명한 배의 선장을 상상할 때, 몇 분 동안 자신감, 지혜, 용기라는 자질이 내면에 솟아오르는 상태를 느껴 보세요. 밀물처럼 밀려오는 힘과 자기연민을 느껴보세요. 여러분 자신에 대한 연민은 도망치거나 감정에 휩쓸리기보다는 도전에 대처할 수 있는 힘을 키워줍니다. 여러분의 선장 버전은 지혜와 효율성으로 기꺼이 위험을 감수합니다.

그 모든 것의 한가운데서도 흔들리지 않는 마음을 유지하는, 자신감 넘치는 자기 모습, 중요한 순간에 닻을 내리는 모습, 그 모든 것 속에서도 안정된 마음을 유지하는 모습, 차분하고 중심을 잡는 것은 어떤 느낌인가요? 몸과 마음과 정신에 이러한 자질이 있다면, 몇 번 더 숨을 쉬어보세요. 자신감과 힘을 들이마시고, 그것이 여러분의 몸과 마음을 씻어내릴 수 있도록 허용해 보시길 바랍니다.

그런 다음, 준비가 되면 다음 질문들을 곰곰이 생각해 보세요.

≫ 자신감 넘치는 나의 모습에서 무엇을 느꼈나요? 몸과 생각과 감정에서 어떤 점을 발견했나요? 그리고 이것은 '해야 할 것'의 첫 번째 질문에 대한 불안한 버전과 어떻게 달랐나요?

_____

_____

_____

_____

_____

≫ 여러분의 삶에서 자신감 있는 자기 버전을 활용하는 것이 도움이 될 수 있는 다른 때는 언제인가요?

_____

_____

_____

_____

_____

≫ 자신감 넘치는 여러분의 또 다른 버전이 도와주려고 해도 결과는 여러분이 원하는 것과 다를 수 있습니다. 이때 여러분의 자신감 버전은 실망을 어떻게 처리할까요? 상실이나 실망스러운 상황에 직면할 경우 이 현명한 버전은 어떤 관점을 가져다 줄까요?

_____

_____

_____

_____

_____

_____

_____

_____

_____

_____

_____

_____

학교에서 새로운 것 해 보기

⤷ 알아야 할 것

성장하려면 필연적으로 새로운 것을 시도해야 합니다. 학교는 학기 첫날 교실에 들어가는 것, 새로 가입한 동아리 첫 모임에 가는 것, 새로운 스포츠를 시도하는 것, 오디션을 보는 등 여러분의 자신감을 흔들 수 있는 새로운 상황이 많이 발생하는 곳입니다. 문제는 나 외에 다른 아이들은 완벽하고 자신감이 있는데 왜 나만 이럴까 하는 의심이 생기고 자신감을 위축시키는 여러 가지 걱정과 두려움에 빠져 길을 잃을 수 있다는 것입니다. 그러나 새로운 것을 시도할 때 확신이 없고 자신감이 없는 것은 인간 경험의 보편적인 현상입니다. 켈리 윌슨(Kelly Wilson) 박사는 이러한 유형의 자기 의심을 '인간 성장 증후군'이라고 유머러스하게 부릅니다. 이것은 항상 불편한 감정을 실제 그 이상으로 만들지 않도록 해주고 우리가 성장하고, 뭔가를 시도하고, 배울 때, 발생하는 정상적인 감정과 감각이라는 것입니다.

또한 머리에서 벗어나 자신감 있게 몸으로 들어가기를 권장합니다. 이 말은 생각 속에서 빠져 나와 몸으로 느껴지는 감각에 몰두하라는 의미입니다. 몸에서 무슨 일이 일어나고 있는지 순간순간 알아차리면 도움이 되지 않는 과도한 생각에 빠지는 것을 피할 수 있습니다. 사람들은 확신이 없을 때 특정 방식으로 몸이 움츠러듭니다. 따라서 자신감을 키우는 또 다른 방법은, 무의식적으로 의심과 두려움을 나타내는 자세와 제스처를 취하기보다는, 새로운 것을 시도할 때 자신감 있는 자세를 의도적으로 취하라는 것입니다.

"지각된 자신감은 거의 자신감과 같은 말이다"라는 말이 있습니다. 여러분도 자신의 마음을 전달하고 표현하는 방식을 변화시켜 스스로를 자신감 있다고 지각해 볼 수 있을까요? 이 말은 새로운 느낌의 방식으로 생각하는 것만으로는 안 되고, 새로운 느낌의 방식으로 행동해야 한다는 것을 기억하세요.

자신감 있는 자세로 서 있으면 새로운 것을 시도하려는 것이 무엇이든 간에 여러분이 느끼는 기분을 고양시킬 수 있습니다. 마찬가지로, 혼자서도 자신감 있게 행동하는 연습을 하면 실제로 더 많은 자신감을 얻을 수 있고 다른 사람들도 여러분을 자신감 있는 사람으로 인식할 가능성이 높습니다.

🗗 해야 할 것

안전지대를 벗어날 때, 신체 감각, 태도, 자세 및 전반적인 비언어적 행동이 여러분에게 어떤 영향을 미치는지 생각해 보세요. 그런 후 다음 질문에 답하세요.

▶▶ 여러분이 새롭고 낯선 일을 하려고 했던 때를 떠올려 봅니다. 몸에서 어떤 감각을 느꼈나요? 어떤 생각이 머릿속을 스쳐 지나가며 주의를 끌었나요?

_____

_____

_____

▶▶ 확신감이 없거나 긴장될 때, 어떤 종류의 비언어적 표현이 그런 기분을 나타낼까요? 그때 어떤 자세로 서 있나요? 아래를 쳐다보고 있나요? 당당히 서 있나요, 아니면 몸을 구부리고 있나요?

_____

_____

_____

≫ 새로운 것을 시도할 때 확신이 서지 않는다면 마음에서 몸으로 초점을 옮겨보세요. 몸을 움츠리고 바닥을 쳐다보는 대신, 조금 더 발을 굳게 딛고 머리를 높이 들어보면 어떤 느낌이 드는지 살펴볼 수 있을까요?

_____

_____

_____

≫ 자신감 있는 자세로 서 보세요. 일어서서 슈퍼히어로처럼 양쪽 손을 엉덩이 쪽에 대고 머리와 가슴을 높이 들어 올립니다. 그런 다음 자기 의심에 압도된 것처럼 주저앉아 보세요. 각 자세를 번갈아 가면서 취할 때 몸뿐만 아니라 감정적으로도 어떻게 다르게 느껴지나요?

_____

_____

_____

나무처럼 우뚝 서서 발을 바닥에 자신 있게 딛어 보세요. 마음을 챙기면서 발을 땅에 대고 몇 분 동안 모든 감각을 알아차리세요.

앉거나 서서 발을 땅에 대고 누릅니다. 땅이 단단하거나 부드럽고, 발이 따뜻하거나 시원하며, 신발이 꽉 조이거나 헐거운가요? 다른 감각을 알아차리세요. 발로 바닥을 부드럽게 누르며 자신 있게 나무처럼 뿌리를 내립니다.

>> 의도적으로 우뚝 서는 건 어땠나요? 무엇을 발견할 수 있었나요?

_____

_____

_____

_____

>> 언제 어디서 자신감을 높이기 위해 당당하게 서거나 자신감 있는 자세를 취할 수 있다고
생각하시나요? 욕실이나 학교 라커룸에서도 할 수 있습니다. 교실에서 이 작업을 수행할
필요가 없습니다! (슈퍼히어로처럼 걸어 다니는 것이 우스꽝스럽다고 느낀다면, 자신 있게 포즈
를 취하거나 움직이는 자신을 상상해 보세요. 실제로 같은 효과를 얻을 수 있습니다.)

_____

_____

_____

_____

🔁 더 해 볼 것

의심으로 가득 찬 마음에 갇히지 않으려면 활동 5의 내면의 아군을 부르세요. 내면의 아군은
항상 여러분을 위해 최선을 다하고 응원할 수 있도록 도와줍니다. 내면의 아군은 여러분이 가
장 잘 할 수 있도록 용기를 끌어내고, 아직 100% 자신감이 없다고 느끼더라도 여러분이 할 수
있는 한 자신 있게 행동하도록 도와줄 수 있습니다. 내면의 아군은 격려의 말로 의심에 맞설 수
있게 해주고, 자신의 능력에 대한 믿음을 찾도록 연민 어린 시선을 보냅니다. 예를 들어, 여러
분이 지금 무엇을 하고 있는지 모르겠다는 마음에 초점을 두기보다는(물론 여러분이 뭔가를 배우

고 그것에 몰두하는 것은 자연스러운 일입니다), 내면의 아군은 다음과 같이 말합니다. "이봐, 이건 그냥 새로운 것일 뿐이야. 너는 성장하고 있어. 최선을 다하고 이 경험에서 배우면 돼. 그렇다면 이미 넌 해낸 거야."

》 새로운 도전을 앞두고 확신이 서지 않을 때, 내면의 아군이 어떤 말을 해주면 자신의 능력을 기억하는 데 도움이 될까요? 추가 도움이 필요하면 활동 5로 돌아가 '내면의 아군과 하나 되기' 명상을 시도하면서 추가로 새롭게 드는 생각을 적어 보세요.

_____

_____

_____

》 어떤 사람들은 새로운 일을 할 때 확신이 서지 않으면 아군을 마음속에 불러 모아 뒤에 서서 본인을 응원하는 모습을 상상하는 것을 좋아합니다(활동 12의 친절 분대 참조). 두려움이 생길 때 친절 분대는 여러분에게 뭐라고 말할까요?

_____

_____

_____

내면의 아군은 여러분의 입장에 서서 머리에서 벗어나 몸으로 들어가는 데 도움이 될 수 있습니다. 자신감 충전이라고 부르는 이 연습을 시도해 보세요.

먼저, 지금 여러분의 몸이 어떻게 느끼는지 알아차려 보세요.

낮은 자신감을 나타내는 자세로 시작해 보면 어쩌면 그 자리에 주저앉을 수도 있습니다. 숨을 들이쉴 때마다 자신 있게 숨을 쉬고 있다고 상상해 보세요. 여러분에게 그 이미지는 사자, 슈퍼 히어로와 같은 모습이나 어떤 색깔일 수 있습니다. 숨을 들이쉴 때, 자신감이 풍선처럼 부풀어 오르면서 마음의 가장자리까지 차오르고 더 자신감 있는 모습으로 똑바로 앉거나 서 있다고 상상해 보세요. 호흡을 할 때마다 더 많은 힘과 용기로 채워질 때 내면의 아군이 여러분을 응원한다고 상상해 보세요. 천천히 자신감을 충전하면서 10회에서 12회 정도 호흡을 해 보세요.

≫ 지금 여러분의 몸이 어떻게 느껴지나요?

_____

_____

_____

_____

≫ 마음에 어떤 변화가 있었나요?

_____

_____

_____

_____

≫ 여러분이 이 연습을 해 볼 수 있는 때를 상상해 봅니다. (긴장과 걱정거리에 집중하기보다는) 내면의 아군 그리고 몸과 연결하면 자신감에 어떤 영향을 미칠 수 있을까요?

결론

이 파트를 통해 자신감이 떨어질 때와 같은 어려운 순간과 그렇게 만드는 촉발요인을 더 잘 식별하는 데 도움이 되었기를 바랍니다. 촉발 요인을 더 잘 식별할수록 가장 필요한 순간에 자신감을 향상시킬 수 있는 촉매제를 더 잘 적용할 수 있습니다. 이 연습은 이 장에서 집중했던 상황뿐만 아니라 일상에서 겪을 수 있는 모든 종류의 상황에 적용할 수 있습니다. 연습을 많이 해서 자존감이 향상될 수 있는 생활 영역을 찾을 수 있기를 바랍니다.

2장에서 가장 좋아하는 몇 가지 방법과 이를 적용할 수 있는 부분을 상상해서 적어 보세요.

제3장

사회생활

자신감은 사회생활에서 중요한 역할을 합니다. 새로운 친구를 사귀고, 뭔가에 참여하고, 다른 사람들과 최선을 다하는 데 도움이 됩니다. 자신감은 새로운 장소에서 새로운 사람들과 함께 할 때 생기는 사회적 두려움을 극복하는 데 유용합니다. 자신감 쿠션은 10대 시절에 특히 중요하며 사회적 좌절감을 회복하는 데 도움이 됩니다.

이 장에서는 자신감을 흔드는 일반적인 사회적 시나리오 중 일부를 다루고자 합니다. 우리는 자신을 드러내야 할 때, 사회적 불안을 관리해야 할 때, 건강한 경계를 설정하고 자신 있게 거절해야 할 때와 같이 자신감을 갖고 사회 활동에 참여할 수 있는 방법을 탐색합니다. 또한 사회적 관계에서 일어났던 공개적인 실수, 불확실성 및 실망에 대처하는 방법에 대해서도 알아봅니다.

사회생활을 하다 보면 인종, 성별, 성적 취향 또는 민족과 관련된 정체성 요인으로 인해 소속감이 없다고 느낄 수 있고 이때 큰 자신감이 필요할 수 있습니다. 어쩌면 여러분은 자신이 사회생활에 어울리지 않는다고 느낄 수도 있습니다. 이유야 어찌 됐든, 혼자라는 느낌이 든다면 자신과의 건강한 관계가 사회적 지위보다 더 중요하다는 것을 기억하세요. 이 장의 몇 가지 아이디어를 사용하여 자신과의 관계를 위해 노력하면 현재 겪고 있는 사회적 문제를 탐색하고 자신에게 적합한 미래 관계를 끌어들이는 데 도움이 될

것입니다. 그러니 현재 어떤 관계를 맺고 있든 믿음을 잃지 않았으면 합니다. 호기심을 유지하고, 사회적 자신감이 커지고 미래에도 건강한 사회적 관계를 형성하는 데 큰 자산이 될 것이라는 것을 알고 이 책의 마지막 장을 탐색하시길 바랍니다.

사회적 자신감은 다양한 방식으로 나타날 수 있습니다. 예를 들어, 의기투합할 수 있는 그룹을 아직 찾지 못했거나 일반적인 사회적 상황을 피해 왔기 때문에 자신감이 없을 수 있습니다. 어쩌면 여러분은 긍정적인 사회적 관계를 맺고 있지만 이성 친구와의 데이트나 우정의 까다로운 역학 관계를 처리하는 방법에 대해 확신감이 부족할 수 있습니다. 여러분이 얼마나 사교적인지에 관계없이, 사회적 자신감을 구축하는 데 도움이 되는 아이디어와 연습 거리를 제공하고자 합니다. 이 연습은 실제로 고등학교를 비롯해서 사회 생활에서 오는 까다로운 사회적 역학 관계에 대응해야 하는 모든 사람에 적용할 수 있습니다.

여러분이 사회적 자신감을 더 많이 사용할 수 있는 영역은 무엇인가요? 어떤 근본적인 문제가 사회적 신뢰에 영향을 미칠 수 있나요? 사회 생활의 어떤 측면에서는 더 자신감이 있지만 어떤 측면에서는 자신감을 높이기 위한 촉진제가 필요할까요(예: 데이트, 또래와의 우정관계 시작하기, 다른 사람에게 상처받는 느낌, 질투 또는 자신을 비교하는 것)?

활동 15 부딪혀 보기

알아야 할 것

부모님이나 친구들이 "그냥 좀 더 부딪혀 보라"고 몇 번이나 권유했을까요? 우리는 어렸을 때 별로 도움이 되지 않는 그런 조언을 받았던 것을 기억합니다. 의도는 좋았지만, 정확히 그것이 무엇을 의미하는지, 어떻게 시작해야 하는지조차 이해할 수 없었습니다.

한 번에 모든 것을 감행할 수는 없습니다. 자신감을 가지고 작게, 정말 작게 시작할 수 있고, 자신에게 뭔가 더 중요한 어떤 것을 해보겠다는 더 큰 목표를 향해 천천히 나아갈 수 있습니다. 편안한 지대에서 벗어나 모험을 감행하면(하지만 편안한 지대 내에서 잘 하고 있다면) 더 많은 사람을 만나고 자신을 드러내는 데 더 익숙해질 것입니다.

이때 통제할 수 있는 것과 통제할 수 없는 것에 대해 생각하는 것이 도움이 됩니다. 예를 들어, 여러분은 다른 사람들, 상황들을 통제할 수는 없지만, 다른 사람들과 어울리면서 어느 정도는 자신을 통제하는 법을 배울 수 있습니다. 학교에 가는 것, 수업 발표를 하는 것, 시험을 봐야 하는 것은 우리가 통제할 수 없는 영역이지만, 이런 것들은 단지 삶의 일부일 뿐이고 이러한 상황을 관리하는 방법에 대해서는 어느 정도 힘을 키울 수 있습니다.

해야 할 것

'근본적인 수용'으로 시작해 봅시다. 인생에서 여러분이 바꿀 수 없는 어떤 것들을 받아들이고, 여러분을 지치게 하는 싸움을 놓아주는 것입니다. 이길 수 없는 싸움에서 한 발짝 물러서면, 인생에서 더 중요한 다른 상황을 관리할 수 있는 에너지(와 자신감)를 갖게 될 것입니다.

》 여러분이 바꿀 수 없는 것에는 어떤 것들이 있나요? 사교적 행사, 학교의 기대치, 가족, 더 크게는 세상을 생각해 보세요.

_____

_____

_____

_____

_____

_____

》 이와 관련하여 여러분 자신을 변화시킬 수 있는 방법에는 어떤 것들이 있나요?

_____

_____

_____

_____

_____

_____

⮕ 더 해 볼 것

근본적 수용과 같은 개념에 더 깊이 들어가기 위해 우리는 수용전념치료(ACT)라고 하는 마음챙김 기반 치료에서 영감을 얻었습니다. 다음의 ACT 매트릭스(Polk & Schoendorff, 2014)는 일반적으로 문제에 어떻게 대응하고 무엇을 할 수 있는지 더 명확하게 이해하는 데 도움이 됩니다.

상자 1(옆으로 이동)에는 자신에게 중요한 가치와 목표(예: 더 사교적으로 되는 것, 관중 앞과 무대에서 편안하게 노래하는 것, 적어도 성공 여부와 관계없이 대표팀에 도전하는 것, 대학 또는 취업 면접에서 최고의 자신을 보여주는 것)를 적게 됩니다.

수아의 사례가 먼저 나옵니다. 수아는 친구 및 지인과 더 많은 시간을 보내고 싶다는 것을 표현하고 있습니다.

상자 2에는 내부 블록을 작성합니다. 이러한 것들을 시도하거나 신체적, 감정적, 심리적으로 시도하는 것에 대해 생각할 때 어떤 일이 일어날까요? 여러분에게 중요한 것으로부터 멀어지게 하는 생각, 느낌, 충동은 무엇인가?

수아는 모임에 가는 것만 생각하면 '만약에'라는 생각이 많이 들었습니다.

상자 3에는 일반적으로 내적 불편함을 없애는 데 도움이 되는 행동 블록을 작성합니다. 피할까? 다른 분산 행동을 해볼까? 포기해 버려? 도서관에 숨어 점심을 먹을까? 이길 수 없는 논쟁을 선택할까?

수아는 자신에게 중요한 것으로부터 멀어지게 하는 몇 가지 큰 회피 패턴에 갇혀 있었습니다. 수아는 모든 초대를 거절했고 방에서 너무 많은 시간을 보냈습니다.

마지막으로, 상자 4에는 목표와 가치를 향해 나아가는 몇 가지 작은 단계와 행동을 적습니다. 어쩌면 뭔가를 연습하고, 뭔가 시도해 보려고 등록하고, 친구와 목표에 대해 이야기하는 것일 수도 있습니다. 어쩌면 복도에서 귀여운 아이에게 미소를 짓거나, 식당에서 줄을 서서 오늘 어떤 끔찍하고 두려운 일이 있었는지 수다를 떨거나, 또 다른 평범한 사회적 제스처를 취하는 것일 수도 있습니다. 목표를 향해 나아갈 수 있는 가장 작은 것들도 적어 보세요.

수아는 드디어 초대에 응할 준비가 되었습니다. 수아는 친구가 초대한 모임에 갈 계획을 세웠습니다. 비록 그것이 불편하게 느껴질지라도, 그것이 자신이 원하는 것을 향해 나아가는 것임을 알 수 있게 되었습니다.

행동 블록: 불편한 생각과 감정을 없애기 위해 하는 행동	실천 계획: 나에게 중요한 것과 중요한 사람을 위해 내가 취할 수 있는 작은 움직임
집에 머물기, 피하기, 초대를 거절하기, 내 방에서 편안하게 지내기, 변명하기, 메시지 무시하기	도서관에 가지 않고 친구들과 점심을 먹기, 이번 주말에 종훈이가 초대한 모임에 가기, 친구들에게 더 많이 연락하고 응답하기
3	4

◀ 멀어지는 행동　　　　　　　　　　　　　　　　　가까워지는 행동 ▶

내부 블록: 불편한 생각 + 감정	가치: 나에게 중요한 것과 중요한 사람
불안, 초조함, '만약에'라는 생각, 친구들이 내가 조용하다고 생각할까 봐 걱정, 모임에 가면 당황할까 봐 걱정	친구, 가족, 사랑하는 사람들을 위해 더 많은 시간 만들기
2	1

이제 이동하려는 목표 칸을 채워 봅니다.

행동 블록: 불편한 생각과 감정을 없애기 위해 하는 행동	실천 계획: 나에게 중요한 것과 중요한 사람을 위해 내가 취할 수 있는 작은 움직임
3	4

◀ 멀어지는 행동　　　　　　　　　　　　　　　　　가까워지는 행동 ▶

내부 블록: 불편한 생각 + 감정	가치: 나에게 중요한 것과 중요한 사람
1	2

>> 상자 3에 쓴 회피 패턴을 원하는 것에서 멀어지게 하는 것으로 생각해 보세요. 원하는 것에서 멀어지는 행동은 무엇인가요? 목표에서 멀어지게 하는 것은 무엇인가요?

_____

_____

_____

_____

_____

_____

>> 어떤 움직임을 시작할 준비가 되었나요(상자 4)?

_____

_____

_____

_____

_____

_____

미리 걱정하기

➜ 알아야 할 것

다가오는 사건이나 미래 경험을 생각하면 자주 불안감을 느끼나요? 이것은 우리 뇌가 벌이는 일 중의 하나로, 최악의 시나리오를 예상하고 그에 따라 계획을 세워 안전을 지키기 위함입니다. 하지만 뇌가 그런 공포스러운 이야기를 만들어낼 때, 여러분은 자신감을 잃을 수 있습니다. 이것을 '예기 불안'이라고 합니다. 어떤 사건이나 경험 전에 일이 잘 풀리지 않을 것이라고 예상하거나 예측해서 실제로 도움이 되기보다는 해가 되는 것을 의미합니다. 미리 걱정하게 되면 실제로 펼쳐지는 상황보다 훨씬 더 나쁘게 느껴집니다. 수아의 예기 불안에 대해 읽고 공감할 수 있는지 확인하세요.

종훈이가 초대한 모임에 가는 길에 수아는 자신이 모임에 가겠다고 말한 것이 실수였는지 곰곰이 생각하기 시작했다. 원래는 가고 싶었지만, 도중에 불안하고 긴장이 되었다. 수아의 몸은 긴장되고 뜨거워졌고 심장은 뛰기 시작했다. 수아는 모임에서 기분이 더 나빠질까 봐 걱정했다. 수아는 불안하게 느껴지는 몸의 감각에 집중하기 시작했고, 머릿속에서는 최악의 시나리오가 펼쳐졌다. 내가 너무 말이 없고 수줍어하면 어떡하지? 친구들이 나를 초대한 것을 후회한다면 어떻게 하지? 애들이 나를 무시하면 어떡하지?

'만약에'라는 생각과 함께, 수아의 자신감은 더욱 무너지면서 자기 비난에 빠져들었다. 이제 수아는 처음에 불안을 느낀 것에 대해 짜증이 났고 자신에 대해 나쁘게 느끼기 시작했다. 좀 더 냉정하고 자신감 있게 행동할 수 있었으면 좋겠다는 생각이 들었다. 생각하면 할수록, 스스로를 판단할수록, 자신의 불편함에 집중할수록 불안과 공포는 커져만 갔다. 수아는 불안해지는 것이 몹시 싫었다. 그래서 차라리 자기 방에서 편안하게 혼자 있는 것이 낫겠다고 생각했다.

수아는 재빨리 가던 길을 포기할 핑계를 찾기 시작했다. 하지만 얼마 전 상담사와 나눈 대화가 떠올랐다. 수아는 기회를 놓치는 것에 이제는 지쳤다고 털어놨다. 친구들의 초대를 피하기 위해 핑계를 대고 불안감에 압도되는 전형적인 회피 패턴을 따르고 싶지 않았다. 수아는 자신의 회피 스타일이 친구들과의 우정과 사교생활에 어떤 영향을 미치는지 생각하면 신물이 났다. 수아의 상담사는 수아에게 회피 패턴을 깨고 다른 것을 시도하도록 힘을 북돋아 주었고, 두려움에 맞설 수 있고 수아가 소홀히 하고 있는 생활 영역인 친구들과 더 많은 시간을 보내는 방향으로 나아가도록 격려했다.

상담사는 수아가 예전의 습관에 빠지기보다는 불안과 자기 비판에 대응하는 방식을 바꾸는 노력을 할 수 있다고 설명했다. 처음에 수아는 혼란스러웠다. 불안을 환영하는 것은 자신이 하고 싶은 것과는 정반대의 말처럼 들렸다. 그러나 수아는 자신의 이전 방식이 자신에게 맞지 않는다는 것을 알고 있었다. 그런 행동이 본인이 원하는 것으로부터 멀어지게 한다는 것을 인식하고 있다. 집으로 되돌아가는 대신, 이렇게 오래된 반응을 뒤집고 자신의 힘을 되찾을 준비를 해야겠다고 생각했다.

수아는 상담사가 가르쳐 준 방법을 사용하여 새로운 방식으로 불안을 극복했다. 이 연습은 아직 일어나지 않은 예기 불안을 훨씬 더 쉽게 다룰 수 있게 해줬고, 조금 더 자신감을 가지고 모임 장소에 들어가는 데 도움이 되었다. 수아는 또한 예기 불안을 극복하고 나니 실제 모임에서는 꽤 편안함을 느꼈다는 사실을 깨달았다. 사실, 걱정은 그리 오래가지 않았고 모임 장소에 도착한지 얼마 지나지 않아 마음이 안정되었다.

⤵ 해야 할 것

모임 장소에 도착하기 전, 수아는 '가져오고 내보내기'라는 명상 연습을 했습니다. 이 명상은 통렌(Tonglen)[1]이라고 불리는 고대 자비 수행에서 채택된 것으로, 현재 전 세계의 많은 사람이 사용하고 있습니다. 여기서 구체적인 지침을 알려 주겠지만, 시도하기 전에 무엇을 가져오고 내보내는지 이해해야 합니다. 불안을 피하고 저항하기보다는 숨을 들이쉬면서 불안에 이름을 붙이고 환영하며 불안을 받아들입니다. 숨을 내쉴 때 필요한 것을 자신에게 보내는 상상을 합니다.

---

1) 역자 주: 통렌은 주고받는다는 의미로, 공기를 들이마시고 부정적인 감정을 내보내는 보통의 명상과는 달리 세상의 고통, 고난, 슬픔, 불안을 들이마시고 사랑, 자비, 연민, 편안함으로 내보내는 연습을 하는 티베트 명상을 말함.

수아는 자신감을 내보내기로 했습니다. 이것은 걱정에 대해 판단하는 마음을 갖거나 가차 없이 자신을 비판하는 대신 온화하고 도움이 되는 방식으로 대응하는 데 도움이 되었습니다. 마지막 부분에서는 비슷한 상황에 처해 있을 수 있는 세상의 다른 많은 사람을 위한 연습을 제안하고 그들에게 자신감을 주는 것을 상상합니다. 이 부분은 관점을 넓히는 데 도움이 되며 때로는 그렇게 느껴지더라도 우리는 혼자가 아니라는 것을 상기시켜줍니다.

이렇게 해 보세요: 가져오고 내보내기

방해받지 않는 곳에서 편안한 자세를 찾으세요.

1. **용감한 자아:** 가장 현명하고 자신감 있는 자신의 모습을 상상하는 것부터 시작하세요. 두려움이 찾아오고 지나가도록 허용할 수 있을 만큼 강한 내면의 힘을 가진 자신을 상상해 보세요. 이 이미지를 마음속에 품고 호흡이 들어오고 나가는 것에 주의를 기울이고 평소 호흡보다 느린 속도를 찾으세요.

2. **가져오기:** 숨을 들이쉴 때, 방문 불안을 마음속으로 가져온다고 상상해 보세요. 천천히 숨을 들이쉴 때, '불안'을 인식하고 이름을 붙이고, 심지어 불안한 마음을 환영한다고(역자 설명: 불안해도 괜찮아 등) 속으로 말해보세요. 용감한 자아를 염두에 두면서 불안한 마음을 받아들일 만큼 충분히 스스로 강하다는 것을 인식하고 마음에 불안을 불어넣는다고 상상해 보세요.

3. **보내기:** 숨을 내쉴 때 자신에게 자신감을 보낸다고 상상해 보세요. 천천히 숨을 내쉬면서 '자신감'이라고 말하세요. 평화로운 마음에서 우러나오는 평온함과 편안함을 자신에게 보낸다고 상상해 보세요. '고요함' 또는 '평화'와 같이 자신에게 가장 잘 맞는 다른 단어를 생각해 낼 수 있습니다. 이것을 몇 번 더 천천히 들이마시고(가져오고) 내쉬는(내보내기) 연습을 반복하세요. 서두를 필요가 없습니다. 숨을 들이쉴 때 불안을 받아들이고 내쉴 때 자신감을 내보내세요.

4. **시야 넓히기:** 지금 이 순간 불안해하고 있는 다른 모든 사람에 대해 생각해 보세요. 숨을 들이쉴 때, 그들의 불안감을 받아들이고, 여러분이 그것을 받아들일 수 있을 만큼 충분히

강하다는 것을 인식하고 있음을 알아차려 보세요. 용감한 자아가 천천히 숨을 들이쉴 때, '불안'이라고 말합니다. 숨을 내쉴 때, 자신을 포함하여 지금 이 순간 불안을 느끼는 모든 사람에게 편안함과 자신감을 보낸다고 상상해 보세요. 천천히 숨을 내쉬면서 '자신감'이라는 단어를 말하고 온 세상의 모든 사람에게 자신감을 불어넣는 것을 상상해 보세요.

》 (불안을) 가져오고 (자신감을) 내보낸 후 무엇을 느꼈나요?

_____

_____

_____

》 가져오고 내보내는 명상 연습을 하는 것이 언제 도움이 될 수 있나요?

_____

_____

_____

선택한 상황에 따라 숨을 들이쉴 때 가져올 수 있는 단어에 동그라미를 치거나 가장 잘 맞는 다른 단어를 작성하세요.

불안	공포	걱정	떨림	패닉(공황)

불편함 _____   _____

나에게 필요한 것을 가장 잘 전달하는 단어를 찾는 것이 도움이 됩니다. 여러분이 선택한 상황에 대해 생각해 보고, 여러분이 가져오고 내보낼 때 가장 잘 맞을 것 같은 단어에 동그라미를 치거나, 어려운 순간에 여러분이 필요한 것을 의미하는 다른 단어를 찾아서 써 보세요.

안정   평화   자신감   평안   안락   평온

편안 _____   _____

활동 **17**   불안감에서 벗어나기

⤵ 알아야 할 것

이 책의 앞부분에서는 뇌의 부정 편향에 대해 설명했는데, 잘못된 것에만 집중하는 뇌가 어떻게 여러분을 우울하게 만들 수 있는지 이해하셨을 것입니다. 뇌의 부정 편향은 우리를 안전하게 지키려는 욕구에서 비롯되지만 오히려 우리를 괴롭힙니다. 좋은 것을 놓치고 부정적인 것에 몰두하는 것은 우리의 행복이나 자아상에 그다지 도움이 되지 않습니다. 더욱이 이러한 부정 편향은 우리가 스스로를 바라보는 방식에도 적용될 수 있으며, 자신감을 떨어뜨리고 자신이 실제보다 능력이 떨어진다고 생각하게 만듭니다.

뇌의 부정 편향은 초점이 맞지 않을 정도로 사진을 확대하거나 이미지의 픽셀[2]만 볼 수 있을 정도로 확대하는 것과 비슷합니다. 픽셀은 사진에서 가장 작은 정보 항목이기 때문에 사진에 필수적인 요소입니다. 그러나 이 픽셀을 너무 크게 확대하면 작은 세부 사항까지 지나치게 확대되어 사진이 흐릿하게 변하고 왜곡이 일어납니다.

마찬가지로, 부정적인 면을 너무 자세히 확대하면 우리의 뇌는 상황을 볼 수 있는 큰 그림을 놓치고 좋은 점을 못 보게 합니다. 이때 여러분은 처한 상황, 자신을 포함하여 거의 모든 것을 픽셀화된 방식으로 볼 수 있으며, 자신이 가지고 있지 않은 것이나 약점에 지나치게 집중할 수 있습니다. 이러한 부정확한 관점은 자신의 강점을 축소하고 자신감을 떨어뜨립니다. 부정적인 것을 축소시키고 더 큰 그림을 보는 방법을 배우게 되면 웰빙뿐만 아니라 자신과 경험에 대해 어떻게 느끼는지 잘 알 수 있게 됩니다.

부정적인 면을 확대해서 자신과 삶을 픽셀화하여 흐릿한 관점으로 보는 때가 언제인지 아는 것이 중요합니다. 그리고 한 걸음 물러서서 픽셀화된 이미지를 축소해서 상황을 더 넓은 관점으로 보고 효과적으로 대응할 수 있도록 해 보세요.

---

2) 역자 주: 화소, 화상의 최소 단위

⊡ 해야 할 것

부정적인 면을 너무 많이 확대했을 때를 떠올려 보세요. 수민이의 이야기를 읽은 다음, 이어지는 질문에 답하고, 자신의 편협한 시야가 기분과 자신감에 부정적인 영향을 미쳤던 경험을 떠올려 봅니다.

수민이는 마지못해 가족과 함께 휴가를 떠났다. 수민이는 자신이 떠나 있는 동안 새로운 친구들이 초대한 모임에 참석하지 못하게 될까 봐 속상했다. 수민이는 또한 이 기회를 놓치면 다음 초대가 늦어지거나, 친구들이 아예 자신을 초대를 하지 않게 될까봐 걱정했다. 이제 막 이 친구들을 알게 되었고, 일이 잘 풀리고 있다고 생각했다. 예전 학교에서는 다시는 반복하고 싶지 않은 힘든 학교 생활을 경험했었다. 수민이는 새롭게 맺게 된 우정이 잘 풀리기를 바랐고, 그렇기 때문에 자신이 가족 휴가를 가고 없는 동안 그것들이 어떻게든 사라질까 봐 불안했다.

수민이는 휴가의 전반기를 멍하니 휴대폰만 확인하며 보냈다. 수민이의 걱정은 과장되고 비현실적인 정도가 되었고 친구들과의 우정 혹은 사교 생활에 대한 두려움을 확대시키고 있었다. 수민이는 친구들과의 사이에 벌어질 최악의 시나리오를 마음속으로 써가고 있었고 그러다 보니 눈앞에 펼쳐진 낙원이 픽셀화되어 초점이 맞지 않게 되었다. 새로운 우정 관계가 과거의 친구 관계와 다르다는 현실도 눈에 보이지 않았다. 사실 새 친구들과의 관계는 꽤 건강한 편이었다. 하지만 마음속으로 상황을 줌인(화상을 확대)해서 보다 보니 친구들에게 보낸 자신의 문자메시지 답을 받지 못하는 최악의 상황을 가정하기 시작했다. 마음속으로 거절당하는 장면을 상상하면서 시야는 더 좁아졌고, 불안감은 커져만 갔다.

그러다가 여행 중간에 수민이는 하이킹 사진을 SNS에 게시했다. 수민이의 새로운 친구들 중 몇몇은 그 아름다운 경치와 수민이가 그곳에 있는 것이 얼마나 운이 좋은지를 언급하며 메시지 답을 보내왔다. 그제서야 수민이는 하이킹을 마치고 사진을 훑어볼 때까지 그 풍경이 얼마나 마법같이 아름다운지 미처 즐기지 못한 사실을 깨달았다. 그리고 친구들이 보내온 메시지들은 정말 수민이의 마음을 울렸다. 수민이는 사진을 올려줘서 고맙다고 메시지를 보내는 친구들과의 사교 모임을 놓친 것만이 아니었다. 수민이는 자신의 휴가를 놓치고 있었고, 우정이라는 것이 자신이 두려워했던 것만큼 깨지기 쉬운 것은 아니라는 현실을 놓치고 있었다. 새로운 친구들은 수민이가 없다고 해서 앞으로 수민이를 차단하지는 않을 터였다. 사실, 친구들은 수민이가 올린 휴가 사진을 보고 기뻐했고 수민이가 휴가에서 돌아왔을 때 그것에 대해 더 많이 듣고 싶어했다. 무슨 일이든 확대해서 보면 렌즈가 왜곡되기 마련이다.

수민이는 친구들과의 관계에 연연하는 대신 가족과 여행을 하고 있는 현재에 더 많은 관심을 기울이기로 결심했다. 가족 여행에 더 많이 집중하고 의도적으로 주변의 아름다움을 알아차리고 휴대폰을 덜 확인하려고 노력했다. 그제서야 친구들과 연락을 유지하면서도 자신 앞에 있는 현재 순간을 즐기는 등 균형을 찾을 수 있었다. 시야가 넓어지면서 수민이는 나머지 여행을 즐길 수 있었다.

≫ 여러분의 삶에서 수민이처럼 잘못된 것에 집중한 나머지 관점이 픽셀처럼 흐려져 상황의 긍정적인 측면을 놓치게 되었던 때를 생각해 보세요.

_____

_____

_____

_____

≫ 과거로 돌아갈 수 있다면 어떻게 줌아웃하고 관점을 바꿀 수 있었을까요? 줌아웃해야 한다고 생각하는 데 도움이 된 것은 무엇인가요?

_____

_____

_____

_____

>> 여러분은 언제든 자신을 픽셀화된 방식으로 바라본 적이 있나요? 어떤 약점을 확대하고, 어떤 강점을 간과하는 경향이 있나요?

_____

_____

_____

_____

_____

>> 개인적인 결점을 확대(줌인)하는 자신을 발견하면 무엇을 하거나 말할 수 있나요? 여러분의 삶에서 어떤 좋은 것을 못하고 있나요?

_____

_____

_____

_____

_____

⤷ 더 해 볼 것

　뇌의 부정 편향을 축소하고 없애는 데 도움이 되는 한 가지 방법은 자신이 처한 상황에서 좋은 점을 찾는 것, 즉 감사를 연습하는 것입니다. 이것은 여러분의 자신감, 인간 관계 및 회복력에 도움이 될 것입니다. 여러분의 삶에 감사하고, 가진 것에 감사하는 것은 여러분의 기분과 웰빙을 향상시키는 입증된 방법입니다.

　일주일 동안 하루에 세 가지 긍정적인 점을 쓸 수 있도록 해 보세요. 하루 중 가장 적합한 시간에 해 보세요. 어떤 사람들은 하루의 시작시간을 선호합니다. 그런가 하면 취침 시간을 더 좋아하는 사람들도 있습니다. 일주일 연속으로 일관성을 유지하는 것이 중요하므로 7일 동안 매일 감사한 일 세 가지를 찾아보세요.

　물론, 기분이 좋지 않은 날에는 감사한 것을 찾는 것이 어려울 수 있습니다. 이 연습은 아무리 작고 평범하더라도 좋은 것을 알아차리고 찾아보는 것이 마음을 건강하게 유지하는데 도움이 된다는 것을 기억하기 위함입니다.

　애완동물을 껴안는 것, 숙제가 많지 않은 날, 드라마를 무료로 보는 날, 수업 시간 등과 같은 간단한 것도 기록할 가치가 있습니다.

1일차: 세 가지 좋았던 점　　　　날짜 _____

1. _____

2. _____

3. _____

2일차: 세 가지 좋았 점 날짜 _____

1. _____

2. _____

3. _____

3일차: 세 가지 좋았던 점　　　날짜 _____

1. _____

2. _____

3. _____

4일차: 세 가지 좋았던 점　　　날짜 _____

1. _____

2. _____

3. _____

5일차: 세 가지 좋았던 점　　　날짜 _____

1. _____

2. _____

3. _____

6일차: 세 가지 좋았던 점　　　날짜 _____

1. _____

2. _____

3. _____

7일차: 세 가지 좋았던 점   날짜 _____

1. _____

2. _____

3. _____

일주일 동안 꾸준히 적고 나서, 되돌아보기 시간을 가지세요.

>> 단순한 것에 의도적으로 감사하는 것은 어떤 느낌이었나요? 어려웠나요? 시간이 지나면
서 더 쉬워졌나요? 부정적인 점을 줌아웃하고 좋은 것을 찾는 것의 이점을 알아차렸나요?

_____

_____

_____

_____

_____

_____

_____

》 어떻게 감사하는 습관을 유지할 수 있을까요? 매일 세 가지 좋은 점을 같이 나눌 파트너를 찾을 수 있나요? 감사 다이어리를 쓰고, 감사 편지를 쓸 수 있나요? 여러분의 삶에 더 많은 감사를 하기 위해 어떤 다른 방법을 생각해 볼 수 있나요?

_____

_____

_____

_____

_____

_____

_____

_____

_____

_____

_____

_____

비교하는 마음

🔁 알아야 할 것

자신을 깎아내리는 확실한 방법은 다른 사람과 비교하는 것입니다. 비교해서 잘 되는 경우는 거의 없습니다. 10대의 뇌는 삶의 어떤 다른 단계보다 다른 사람과 자신을 비교하도록 연결되어 있다는 점을 기억해 보세요. 소셜 미디어에 빠지게 되면, 자신의 부족한 면만 보일 것입니다.

우리가 좋아하는 자기계발서 슬로건이 있습니다. '당신의 내면을 다른 사람들의 겉모습과 비교하지 말라.' 우리가 어렸을 때 이것을 들었더라면 좋았을 텐데요! 하지만 성인이 되어서도 이런 비교의 함정에 빠질 수 있습니다. 하지만 비교하는 마음을 갖고도 살아가는 법을 터득할 수 있고, 우리의 마음속에서 내뱉는 모든 우울한 비교에 매달리거나 매달리지 않는 법을 배울 수 있습니다.

비교하는 마음을 바꾸는 법을 배우면 위협 시스템 대신 진정시스템을 활성화시키고 결국에는 웰빙과 자신감에 도움이 됩니다. 우선, 단순히 비교하는 마음을 알아차리고 더 잘 자각해 보세요. 친구와 자신을 비교하고 있다는 것을 알아차렸을 때, 속으로 또는 큰 소리로 '비교'라고 말할 수 있습니다. 남과 비교해서 최고가 되려고 하기보다는 개인적으로 최고점에 이르는데 초점을 두는 것이 더 유용합니다.

특히 불필요하게 자신을 많이 평가하고 비교하는 경향이 있다면 만성적으로 실망을 자주 느끼게 됩니다. 남보다 더 많이 가지고 있고, 더 잘하고, 더 앞서 나가는 사람들은 주변에 항상 넘쳐납니다. 하지만 인생은 하나의 거대한 경쟁터가 아니라는 것을 깨닫는다면 마음 건강에 도움이 됩니다. 모두 개인적인 삶의 여정을 겪기 때문에 남들과 비교하는 것은 불필요합니다. 더욱이, 비교하는 마음을 버리면 다른 사람들이 이기고 있을 때조차도 기뻐할 수 있고, 다른 사람들의 승리를 깎아내리지 않고 새로운 아이디어의 원천으로 바라볼 수 있습니다. 또한 다른 사람의 여정을 따라잡는 것에 대해 걱정하지 않을 때 개인적인 여정을 훨씬 더 쉽게 즐길 수 있습니다. 그래서 사람들은 "비교는 기쁨의 도둑이다"라고 말하는 것입니다.

⤵ 해야 할 것

비교하는 마음에서 벗어나는 것이 어떻게 도움이 될 수 있는지 알아보기 위해 다음 질문들을 숙고해 봅니다.

>> 여러분 자신에 관해 가장 자주 비교하는 것은 무엇인가요? 여러분 자신을 누구와 가장 많이 비교하나요? 여러분의 삶에서 비교가 도움이 될 수 있는 영역에는 어떤 것이 있나요?

_____

_____

_____

_____

_____

>> 비교를 알아차리고 비교에서 벗어나는 것이 기분, 관계, 자신감에 어떻게 도움이 될 수 있나요?

_____

_____

_____

_____

_____

≫ 스포츠나 학급 등수(또는 소셜 미디어에서 관심받는 것)와 같이 경쟁이 필요한 삶의 영역에서도, 또래들과 비교하는 데 집중하기보다 개인적인 최고 기록에 집중하는 것이 어떻게 도움이 될 수 있을까요?

_____

_____

_____

_____

_____

≫ 새로운 사람들을 만날 수 있는 모임에 간다고 상상해 보세요. 먼저 가장 인기 있는 무리를 찾고 그들에게 깊은 인상을 남기는 것이 중요하다는 마인드셋을 가져보세요. 이때 여러분은 비교하는 것에 초점을 두게 되고 주변 모든 사람은 사회적으로 순위가 매겨집니다.
그런 다음 이제 초점을 바꾸어 보세요. 새로운 우정을 쌓고 즐겁게 대화할 수 있는 사람들을 찾는 데 초점을 둔다는 마인드셋을 갖고 모임에 간다고 상상해 보세요.

_____

_____

_____

_____

≫ 첫 번째 시나리오에서 여러분의 마인드셋이 순위에 초점을 두는 것에 더 가까워질 때를 알아차리는 데 도움이 될 만한 생활 영역이 있나요? 인기나 순위에 집착하는 마인드셋에서 벗어나면 어떤 이점이 있을까요? 이것이 여러분의 자신감에 어떤 영향을 미칠 수 있나요?

_____

_____

_____

_____

_____

⤵ 더 해 볼 것

자신이 가지고 있는 자신감에 대해 감사하는 연습 시간을 가지세요! 삶에서 자신 있는 몇 가지를 브레인스토밍하고 어떤 결과가 나왔는지 확인하세요. 다른 사람과 비교하지 않고 다음 질문에 답하려고 노력하세요.

≫ 외모, 옷, 패션 스타일 또는 취향 면에서 자신이 있는 것은 무엇인가요?

_____

_____

_____

>> 지능, 기술, 똑똑함, 예술 면에서 어떤 것에 대해 자신감을 느끼나요?

_____

_____

_____

_____

_____

>> 어떤 우정, 관계에 대해 확신을 가지고 있나요?

_____

_____

_____

_____

_____

　스스로 생각하기 어렵다면 다른 사람들이 여러분, 여러분의 일, 팀이나 그룹에 대한 여러분의 기여에 대해 어떤 점을 좋아하는지 생각해 보는 시간을 가져 보세요.

온라인 생활

🔁 알아야 할 것

10대들이 비교하는 마음을 호소할 때 대부분 자신의 온라인 경험을 언급합니다. 소셜 미디어 앱은 다른 사람들이 여러분보다 더 유명하고, 더 예쁘고, 더 재미있고, 더 똑똑하고, 모든 것을 더 잘하는 것처럼 보이게 만듭니다. 다른 사람의 게시물을 훑어보다 보면 작은 성취를 해도 자신감이 떨어지기 쉽습니다.

이해할 만합니다. 그래서 이미 부모님, 선생님과 같은 어른들이 스마트폰이나 소셜 미디어에서 벗어나라고 말했을 것이고 그런 말들에 질렸을 것입니다. 소셜미디어에서 벗어나는 것이 그렇게 간단하거나 쉽지 않다는 것을 알고 있습니다. 어른인 우리도 소셜 미디어에서 시선을 떼는 것이 쉽지 않습니다. 하지만 소셜 미디어가 여러분에게 어떤 영향을 미치는지 더 주의 깊게 인식하는 것은 필요합니다. 그러한 인식을 하게 되면 10대 여러분들이 온라인과 오프라인에서 더 자신감을 느끼게 해줄 것입니다.

소셜 미디어 사용 시간을 잠자리에 들기 직전이나 기분이 우울할 때와 같이 특정 시간이나 장소로 제한해 보세요. 기분이 나아지기 위해 소셜 미디어 습관을 완전히 멈출 필요는 없지만 앱이 어떻게 만들어지고 무엇을 하려고 하는지 알게 되면 기기와의 관계를 바꾸기 시작할 수 있습니다.

소셜 미디어 회사들은 의도적으로 계속 확인하게 만들고 큰 감정적 반응(큰 분노, 큰 불안, 큰 슬픔, 큰 질투, 큰 흥분 또는 큰 웃음)을 유발하는 콘텐츠를 보여 줍니다. 그들은 어떻게 하면 사람들을 스마트폰 기기에 붙어 있게 만드는지 알고 있습니다. 그들은 또한 여러분이 더 많은 것을 듣고 보고, 스마트폰 기기로 돌아가고 싶게 만드는 콘텐츠를 만들어 내보냅니다. 소셜미디어는 우리에게 더 많은 웃음과 영감도 주지만 많은 논쟁과 갈등에 휩싸이게 만들기도 합니다. 그리고 소셜미디어는 여러분이 자꾸 되돌아가서 좋아하는 것을 확인하게 만들고 가능한 한 많은 관심을 끌게 하는 중독성이 있습니다. 새로운 온라인 습관을 만들어 보기를 바랍니다. 스마트폰에 완전히 빠져들거나 기기를 없애는 것보다는 이 기기를 어떻게 사용하고 싶은지 생각하는 것이 도움이 될 수 있습니다. 그러면 여러분의 시간을 쉽게 훔치는 것은 앱 개발자가 아니라 바로 여러분 자신이라는 것을 알게 될 것입니다.

⤷ 해야 할 것

» 어쩌면 지금 이 글을 읽으면서도 휴대폰 화면을 스크롤하고 싶은 충동을 느낄 수 있습니다! 스마트폰이나 기기를 꺼냅니다. 그러나 스크롤을 시작하기 전에 먼저 지금 기분이 어떤지 적어 보세요.

_____

_____

_____

_____

» 좋습니다. 이제 그 활동이 끝난 후 어떤 느낌이 드나요? 더 좋나요, 아니면 더 나쁜가요? 몸의 느낌은 어떤가요? 감정은? 또 어떤 점이 눈에 띄나요? 여기에 모두 적어 보세요.

_____

_____

_____

_____

➤➤ 이제 스마트폰이나 기기를 다시 들고 조금 더 천천히 스크롤합니다. 각 게시물을 보면서 어떤 느낌이 드는지 알아차려 보세요. 친구나 낯선 사람 또는 다른 계정에서 볼 때마다 어떤 감각과 감정이 떠오르나요? 자신감은 어떤가요? 어떤 사람 혹은 계정이 여러분의 자신감을 높여주고 어떤 것이 여러분의 자신감을 떨어뜨릴까요? 어느 것이 주의를 산만하게 하거나 불안과 분노를 유발하나요? 왜 그렇다고 생각하나요? 여기에 눈에 띄는 것을 적어 보세요.

_____

_____

_____

_____

⤵ 더 해 볼 것

다음 질문에 답하면서 어떻게 하면 더 균형 잡히고 건강한 온라인 식단을 만들 수 있을지 생각해 보세요.

➤➤ 기기와 소셜 미디어를 얼마나 많이 사용하는지 생각해 보세요. 자신의 '좋아요'와 공유 및 팔로워를 확인하는 정도에 비해 다른 계정을 얼마나 보고 있나요? 그리고 그때 기분이 어떤가요?

_____

_____

_____

＿＿＿＿＿＿＿＿＿＿＿＿＿＿＿＿＿＿＿＿＿＿＿＿＿＿＿＿＿＿＿＿＿＿＿

＿＿＿＿＿＿＿＿＿＿＿＿＿＿＿＿＿＿＿＿＿＿＿＿＿＿＿＿＿＿＿＿＿＿＿

≫ 팔로우하는 모든 계정을 살펴보세요. 어떤 것이 여러분을 위로하고, 어떤 것이 여러분을
실망시키고, 어떤 것이 여러분을 자꾸 끌어당기는지 좀 더 깊이 생각해 보세요. 일시적으
로라도 팔로우를 취소하거나 숨길 수 있는 것이 있나요? 더 많은 긍정성, 창의성, 영감을
주기 위해 추가할 수 있는 것이 있나요? 소셜 미디어 다이어트를 위해 어떤 종류의 건강
한 계정을 추가하고 싶은지, 그리고 어떤 '정크 푸드' 계정을 제한하고 최소한으로 보면서
균형감을 맞추어야겠다는 마음이 드나요?

＿＿＿＿＿＿＿＿＿＿＿＿＿＿＿＿＿＿＿＿＿＿＿＿＿＿＿＿＿＿＿＿＿＿＿

＿＿＿＿＿＿＿＿＿＿＿＿＿＿＿＿＿＿＿＿＿＿＿＿＿＿＿＿＿＿＿＿＿＿＿

＿＿＿＿＿＿＿＿＿＿＿＿＿＿＿＿＿＿＿＿＿＿＿＿＿＿＿＿＿＿＿＿＿＿＿

≫ 긍정적인 영향을 미치는 소셜미디어 계정이나 콘텐츠를 추가할 수 있나요?

＿＿＿＿＿＿＿＿＿＿＿＿＿＿＿＿＿＿＿＿＿＿＿＿＿＿＿＿＿＿＿＿＿＿＿

＿＿＿＿＿＿＿＿＿＿＿＿＿＿＿＿＿＿＿＿＿＿＿＿＿＿＿＿＿＿＿＿＿＿＿

＿＿＿＿＿＿＿＿＿＿＿＿＿＿＿＿＿＿＿＿＿＿＿＿＿＿＿＿＿＿＿＿＿＿＿

＿＿＿＿＿＿＿＿＿＿＿＿＿＿＿＿＿＿＿＿＿＿＿＿＿＿＿＿＿＿＿＿＿＿＿

>> 건강에 해로운 특정 유형의 사람이나 계정을 제한할 수 있나요?

_____

_____

_____

_____

_____

>> 이제 건강한 온라인 행동과 건강에 해로운 온라인 행동에 대해 생각해 보세요. 어떤 소셜 미디어 다이어트를 하든, 시간과 장소에 대한 경계를 설정하고 유혹을 줄이는 방법을 찾을 수 있습니다. 경계를 정할 수 있는 방법에는 어떤 것이 있을까요? 휴대전화가 있는 장소를 제한하거나 특정 시간에 주머니가 아닌 가방에 넣거나 여러분이 머무는 방이 아닌 다른 방에 보관할 수 있을까요? 휴대폰을 가까이에 두는 시간을 제한할 수도 있나요? 또한 집중하거나 소셜 미디어 디톡스를 하려고 할 때 앱을 사용하여 차단할 수도 있습니다 (건강한 아이디어이기도 함).

_____

_____

_____

_____

≫ '좋아요'를 확인하는 것이 왜 여러분의 관심을 끄는지 생각해 보세요. '좋아요'를 확인하는 이유는 무엇이며, 이것이 어떻게 여러분의 자신감에 도움이 되지 않나요? 여러분의 '좋아요'를 확인하는 것이 여러분의 인기에 대한 걱정과 관련이 있다면, 스스로에게 물어보세요. '나는 나 자신에게 얼마나 인기가 있는가?' 온라인과 오프라인에서 '좋아요'에 관계없이 자신에 대해 좋은 느낌을 갖기 위해 노력할 수 있나요? '좋아요'에 대한 관심과 의존도를 어떻게 줄일 수 있을지, 그리고 관심과 의존도를 줄이는 것이 어떤 도움이 될지 적어 보세요.

_____

_____

_____

≫ 이제 온라인 행동에 대해 지금 당장 아무것도 바꾸고 싶지 않다고 가정해 보겠습니다. 우리는 소셜 미디어 다이어트를 지금이 아닌 다음에 할 수 있다는 것을 이해합니다. 대신, 우리의 친구인 켈리 윌슨 박사(Dr. Kelly Wilson)가 말하듯이 완벽해야 한다는 압박감이나 어떤 이미지에 부합해야 한다는 압박감, 외모에 대한 부담감, 다른 사람을 따라잡아야 한다는 압박감 없이 온전히 자기 자신이 될 수 있는 자유가 있는 세상이라면 여러분은 다른 사람들 앞에서 어떻게 행동할까요? 여러분은 무엇을 하고 싶은가요? 여러분 주위의 다른 사람들은 어떻게 느낄까요? 여러분의 실제 생활에 새로운 아이디어와 영감을 줄 수 있는 것이 어떤 것인지 경이로운 마음으로 살펴보세요.

_____

_____

_____

활동 20 사회적 실망

🔁 알아야 할 것

우정은 행복과 기쁨의 중요한 원천입니다. 그러나 우정은 실망과 속상함을 가져다주기도 합니다. 때때로 사람들은 우리를 실망시킵니다. 어떤 때는 관계가 우리가 바라는 대로 풀리지 않을 때도 있습니다. 우리는 크든 작든 상처를 받고, 사회적 혼란은 우리를 아프게 하고 자기 의심을 가져옵니다. 이러한 상황을 너무 개인적으로 받아들이다 보면 자신감에 좋지 않은 영향을 끼치고 불안정감에 빠집니다.

지연이는 최근 친구 그룹에서 복잡한 상황을 겪은 후 자신감이 흔들렸습니다. 친구 무리 중 누군가로부터 소외감을 느꼈고, 약간의 혼란감을 느낀 후에 머릿속으로는 그 일을 지워버려야겠다고 생각했습니다. 친구들과 그 문제에 대해 이야기하려고 노력했지만 소용이 없었습니다. 그 친구 무리들과 겪은 일이 더 힘들었던 것은 지연이가 친구들의 따돌림이 자기 잘못이고, 자신에게 뭔가 문제가 있는 것이 분명하다고 생각하기 시작했다는 점입니다. 마침내, 상담사 및 몇몇 신뢰할 수 있는 친구들과 함께 주의 깊게 이야기한 후에, 지연이는 자신의 잘못이 아니라 야비한 소녀들의 움직임이 작용하고 있음을 알게 되었습니다. 지연이는 표적이 되고 있었고, 더 이상 이런 움직임을 가진 집단에 속하고 싶지 않았습니다. 지연이는 그들과의 우정이 더 이상 좋게 느껴지지 않았고 더 건강한 경계가 필요하다는 것을 깨달았습니다. 지연이는 긍정적인 기분을 느낄 수 있는 더 건강한 관계에 더 많은 시간을 투자할 계획을 세웠고, 혼란스럽고 화나게 하는 우정 관계에서 자신을 분리할 수 있는 방법을 찾았습니다.

지연이는 우정을 잃고 거절당하는 것에 대한 힘든 감정을 받아들이고 대처하는 방법을 찾았고, 시간이 지나면서 그 감정을 다루기가 더 쉬워졌습니다. 점심을 먹으면서 자신을 멀리한 이전 친구 그룹을 만났을 때도, 그 친구들이 함께 웃고 있는 모습을 볼 때도, 마음속 상처가 아직도 남아 고통스러웠지만, 그 상황을 딛고 성장했고, 결국 더 강해지고 자신감을 갖게 되었습니다.

지연이가 상처와 상실로 어려움을 겪으며 힘든 순간을 처리하는 데 도움이 된 것은 Christopher Germer 박사와 Kristen Neff의 마음챙김 자기연민[Mindful Self-Compassion(MSC)] 훈련 프로그램(Neff & Germer, 2018)의 일종인 자기연민 브레이크[3]이었습니다. 이 수행의 좋은 점은 상처를 느끼는 어려운 순간에 즉시 사용할 수 있도록 고안되었다는 것입니다.

자기연민 브레이크를 연습하기 위해 먼저 네프 박사의 자기연민에 대한 독특한 정의의 각 구성 요소에 대한 세 가지 단어를 기억해 봅니다. 그 세 가지는 마음챙김, 보편적인 인간성, 자기 친절입니다. 그런 다음 힘들게 느껴지는 순간에 가슴에 손을 대고 도움이 될 만한 세 가지 문구를 반복합니다. 이 문구는 부교감 신경계, 즉 진정 시스템(활동 2에서 배운 녹색 원)을 활성화하는 데 도움이 될 수 있습니다. 그리고 상처를 받고 자신감이 없는 순간에 스스로에게 연민 어린 마음과 친절을 베풀어야 한다는 것을 기억하는 것이 좋습니다.

---

3) 역자 주: 휴식의 의미

⬆ 해야 할 것

먼저 다음 표를 사용하여 문구를 만듭니다. 왼쪽에는 네프 박사가 제안한 자기연민의 세 가지 구성 요소에 대해 자세히 설명되어 있습니다. 그러면 지연이가 선택한 특정 문구 옆에 자기연민 문구의 예가 표시됩니다. 표의 맨 오른쪽에는 마음챙김, 보편적인 인간성, 자기친절 문구를 자신의 말로 적습니다.

자기연민 브레이크 문구 만들기			
	보기 문구	지연이의 문구	여러분의 문구
마음챙김: 단순히 자신의 경험이나 어려움을 인식하는 것	불편한 순간이구나.	**힘든 순간이구나.**	
보편적인 인간성: 여러분은 혼자가 아니라는 것을 기억하세요. 누구나 삶이 힘들다고 느낍니다.	이러한 순간은 모든 사람의 겪는 삶의 일부입니다.	**누구나 이런 경험을 한다.**	
자신에게 친절하기: 비슷한 일을 겪고 있는 좋은 친구처럼 자신을 대하기	나 자신에게 친절하게 대하고 나 자신에게 필요한 연민심을 베풀 수 있기를 바랍니다.	**지금 당장 자신에게 좋은 친구가 되어라.**	

종합해보기

왼쪽은 지연이가 자기연민 휴식을 취할 때 사용했던 세 가지 문구입니다. 오른쪽 상자에 세 개의 문구를 넣습니다.

지연이의 자기연민 브레이크 문구	나의 자기연민 브레이크 문구
지금은 힘든 순간이다. 누구나 이런 경험을 한다. 지금 너 자신에게 좋은 친구가 되어라.	• • •

지연이와 상담사는 앱을 사용하여 지연이가 떠올린 문구를 이미지로 만들었습니다. 지연이는 그 이미지를 휴대폰에 저장했고, 필요할 때마다 그 문구를 보며 자기연민을 실천해야 한다는 것을 스스로에게 상기시켰습니다. 이렇게 하자 우울한 느낌이 드는 순간에 힘과 차분한 마음을 가질 수 있었습니다. 자책에 빠지는 자신을 볼 때마다, 지연이는 가슴에 손을 얹고 천천히 숨을 들이쉬며 혼잣말을 되풀이하곤 했습니다. 이를 통해 지연이는 이 순간이 어렵지만, 이것이 자신의 이야기의 끝은 아니었다는 것을 기억할 수 있었습니다.

⤴ 더 해 볼 것

이제 자기연민 브레이크를 연습하세요. 방해받지 않는 조용한 환경에서 눈을 감고 심장 쪽 가슴에 손을 얹습니다. 호흡을 느리게 하면서 숨을 몇 번 들이마십니다. 그런 다음 세 가지 문구를 자신에게 말하세요. 의도적으로 천천히 말하고 호흡하세요. 이 구절을 몇 번 반복합니다. 준비가 되었다면, 눈을 뜨고 스스로에게 연민을 베푸는 것이 어땠는지 곰곰이 생각해 봅니다.

≫ 자기연민 브레이크를 연습한 후 기분이 어떤가요? 몸에서 무엇을 느꼈나요?

_____

_____

_____

_____

≫ 자기연민 브레이크에 생명을 불어넣을 수 있는 방법을 생각해 봅니다. 여러분은 자신을 위해 어떤 것을 기억할 수 있나요? 그리고 이것을 사용할 수 있는 시간은 언제인가요? 이 것을 스티커 메모, 휴대폰의 인용문 이미지 또는 플래너 메모에 적어 두는 것이 도움이 될까요? 커피 머그잔에 인쇄해 볼까요?

_____

_____

_____

_____

실수들

🔁 알아야 할 것

　활동 20에서 우리는 다른 사람들이 우리를 실망시켰던 고통스러운 시간들에 대해 이야기했습니다. 이제 우리는 다른 사람들을 실망시킨 순간에 대처하기 위해 유턴을 해 보기로 하죠. 우리 모두는 살면서 실수를 저지르고, 그 실수를 어떻게 다룰지 선택권을 갖고 있습니다. 이러한 선택은 특히 우리의 자신감과 성장에 큰 영향을 미칠 수 있습니다.

　실수를 무시하거나, 변명하거나, 외면하려고 할 수 있습니다. 그러나 방어적이고 회피적인 접근 방식은 잠깐은 좋아 보일 수 있지만 길게 보면 관계와 성장에 도움이 되지 않습니다. 아니면 실수에 빠져 수치심과 자기 비판의 늪에 빠질 수도 있습니다. 1장에서 배웠듯이 수치심과 내면의 비판자라는 함정은 자신감을 떨어뜨릴 수 있기 때문에 이 또한 그다지 도움이 되지 않습니다.

　여기서 더 나은 전략은 실수를 직시하되 가혹한 자기 판단을 버리는 것입니다. 실수를 했던 상황에서 뭔가를 배우고 교정할 수 있는 기회로 보는 것이 도움이 됩니다. 이 방법은 자신에 대해 얼마나 나쁜 감정이 드는지 얽매이는 대신 다른 사람들도 보편적으로 어떤 기분이 들지 마음을 여는 데 도움이 됩니다. 이것이 중요한 이유는 '나'가 아닌 '우리'에 초점을 맞출 때 더 큰 그림을 볼 수 있기 때문입니다. 거기에서 뭔가를 고치고 더 잘할 수 있는 올바른 단계를 찾을 수 있습니다. 더욱이, 이것은 자신감을 그대로 유지하면서 사회적 혼란감에서 앞으로 나아가는 데 도움이 됩니다.

　그렇다면 어떻게 할 수 있을까요? 단순히 안심하라고 등을 두드려 주는 것만으로는("괜찮아.") 도움이 되지 않고 실수를 했을때는 일반적으로 솔직한 피드백이 필요합니다. 그리고 내면의 비판자는 수치심이 올라오면 공격적인 피드백을 하는 것을 좋아합니다. 정당한 이유 없이 끼어들 때와 달리, 비판자는 여러분의 실제 실수를 약점의 증거로 사용할 때 더 확신하게 됩니다. 연민중심치료자이자 수용전념치료자인 데니스 티르치(Dennis Tirch) 박사는 이에 대해 다음과 같은 도움이 될 만한 아이디어를 공유한 적이 있습니다. "우리는 우리의 특별함에 대한 환상을 버려야 합니다. 우리는 또한 나쁨에 대해서도 특별함을 포기해야 합니다." 사람들이 잘 못된 선택을 한 것에 대해 "나는 나쁜 사람이야"하며 비탄과 후회에 빠지는 일은 매우 흔한 일입니다.

티르치 박사가 우리에게 상기시켜 주듯이, 우리 각자는 유별나게 나쁜 존재가 아닙니다. 우리는 약점과 강점이 늘 교차하는 인간일 뿐입니다.

내면의 비판자와 악당 이야기가 여러분을 방해한다는 것을 알게 되면 어떻게 해야 할까요? 건설적인 피드백이 필요합니다. 그리고 사용하는 어조를 포함하여 피드백을 자신에게 잘 전달하는 것이 중요합니다. 이것은 여러분 자신이 최악의 실수보다 더 중요한 존재라는 것을 인식하고 가능한 자신의 실수와 잘못을 바로잡는 것을 의미합니다.

우리가 실수를 할 때 도움이 될 수 있는 몇 가지 연민중심치료(CFT) 개념이 있습니다. 본질적으로, 수치심에 따른 자기 공격(내부 비판자가 가장 좋아하는 것)을 하기보다는 온화하게 자기 교정을 통해 실수를 건설적으로 해결할 수 있습니다. 연민 어린 자기 교정은 내면의 아군 목소리를 활용하여 위협에서 벗어날 수 있게끔 진정 시스템을 활성화시켜줍니다. 이것이 어떻게 작동하는지 보려면 친구 그룹에서 제외된 마지막 활동에서 지연이를 떠올려 보세요. 실제로 지연이의 이야기에는 속편이 있습니다. 친구 유빈이가 후회에 직면했을 때 어떻게 자기 공격을 자비로운 자기 교정으로 전환했는지 봅시다.

지연이는 결국 사이가 틀어진 친구 그룹을 떠났지만, 그들 중 한 명인 유빈이와는 친구로 남았습니다. 둘 간의 우정은 유빈이가 자신이 한 실수를 되짚어 보면서, 판단하려는 마음을 이해하려는 마음으로 돌릴 수 있었기 때문에 가능했습니다. 둘 간의 대화는 유빈이가 지연이에게 왜 그렇게 친구들과 멀리 떨어져 있는지 묻는 것으로 시작되었습니다. 지연이는 지난 학기에 유빈이를 포함한 친구들에게 상처를 받았다고 설명했습니다. 유빈이는 이런 일을 겪은 적이 없기 때문에 충격을 받았습니다. 그날 저녁, 유빈이는 불편한 마음으로 앉아서 자신이 그 무리에서 했던 침묵이 부끄럽게 느껴졌고, 그것이 지연이를 따돌리는 데 어떤 영향을 미쳤는지 깨달았습니다.

더군다나, 지연이가 그 이야기를 꺼냈을 때 유빈이가 지연이를 내버려 두었던 때가 생각났습니다. 유빈이는 친구 지연이에 대한 공감과 연민을 더 많이 느꼈고, 그다음에는 자신이 너무 바빠서 알아차리지 못했다는 후회가 더 커졌습니다. 유빈이는 이제 자신이 지연이를 위해 더 많은 것을 할 수 있었다는 것을 인식하였고 그렇게 하지 못한 자신에게 실망감을 느꼈습니다. 좋은 친구인 지연이를 실망시켰다는 생각이 들자 불편한 마음이 들었고 여러 가지 생각과 감정이 소용돌이쳤습니다. 내면의 비판자가 끼어들어 자신이 얼마나 이기적이고 비열한 아이인지 속삭였습니다. 심지어 내면의 비판자는 유빈이에게 "너는 좋은 친구가 아니야"라고 말하는 것 같았습니다. 유빈이는 자신이 나쁜 사람이라는 것과 내면의 비판자가 어떻게 자신의 실수를 가차 없이 비난하고 판단하는지 알아차렸습니다.

다행히도 유빈이는 자기 판단을 알아차렸습니다. 그리고 어느 한쪽의 극단적인 목소리, 즉 비판적인 자기 공격을 방관하는 대신, 잠시 멈춰 서서 더 현명한 목소리, 즉 무슨 일이 일어났는지 이해하고 자신의 잘못을 바로잡기 위한 행동을 찾는 데 도움이 되는 내면의 아군 모드로 전환했습니다. 자신감이 부족해서 안전해 보이기 위해 중립을 지키려고 했기 때문에 자신이 지연이의 솔직한 친구가 될 수 없었다는 것을 깨달았습니다. 하지만 이제 유빈이는 자신의 침묵이 어떻게 본인을 공모자로 만들었는지 알 수 있었습니다. 그런 이해를 바탕으로 유빈이는 수치심을 죄책감으로 바꾸었고, 죄책감은 유빈이에게 앞으로 행동을 더 잘해야겠다는 열망을 불러일으켰습니다. 앞으로 방관자가 되지 않고 친구에게 더 잘 대하고 싶었습니다. 그래서 자신 있게 지연이에게 전화를 걸어 사과하였고 그 상황에서 자신이 했던 역할을 인정했습니다. 다행히도 지연이는 유빈이의 사과를 받아들였고, 두 사람은 우정을 회복할 수 있었습니다. 지연이와 유빈이는 조금 더 지혜롭고 자신감있는 태도로 좋지 않았던 드라마에서 벗어날 수 있었고 이는 친구들 간의 건강한 경계를 설정하고 자기 목소리를 내야 하는 미래 관계에도 도움이 되었습니다.

➡ 해야 할 것

유빈이는 스스로를 놓아주거나 수치심에 빠질 수 있었습니다. 하지만 계속 그 감정에 빠져 있기보다는 판단하는 마음에서 이해하는 마음으로 모드를 전환했고, 이는 유빈이가 위협에서 벗어나 상황을 바로잡을 방법을 찾는 데 도움이 되었습니다.

다음 차트에서 유빈이의 내면의 비판자와 내면의 아군 목소리를 읽고 그 둘의 차이점에 대해 생각해 보겠습니다. 내면의 아군 목소리를 강화하기 위해, 유빈이처럼 스스로에게 교정적인 피드백을 주어야 했던 최근의 상황을 떠올려 봅니다. 먼저 내면의 비판자가 왼쪽에 뭐라고 말할지 채우세요. 그런 다음 오른쪽에 내면의 아군이 도움이 될 수 있는 말을 적습니다.

내면의 비판자	내면의 아군
비판적인 자기 공격	자비로운 자기 교정
너의 친구는 네가 끔찍하다고 생각해. 그리고 그 말이 맞아. 착하고 상냥한 척 하지만 이게 진짜 너야. 마음속 깊은 곳에서 너는 이기적이고 비정해. 너는 너 자신에게만 관심이 있어.	아. 지금은 어려운 순간이다. 지금 당장 나 자신에게 덜 가혹해지고 이 상황을 이겨낼 수 있을까? 나는 너와 함께 있어. 이러한 행동에 대해 기분이 좋지 않은 것은 당연해. 이것은 네가 다른 친구들을 대하는 방식은 아니야. 그 당시, 너는 중립을 지키는 것이 최선이라고 생각하여 친구에게서 등을 돌렸어. 이제 내 역할을 점검해 보고 앞으로 더 잘하자. 친구에게 할 말이 있을 것 같아. 친구가 너의 사과를 받아들이지 않더라도 당연해. 내가 했던 역할을 잘 알아채고 할 수 있는 한 상황을 바로 잡아보자.
무슨 문제가 있었나? 어떻게 친구에게 그런 짓을 할 수 있었을까? 너는 갈등이 끓어오르는 것을 보고도 아무것도 하지 않았어. 너는 친구가 소외되고 있다는 것을 알고 있었지만, 신경 쓰지 않았어. 넌 최악이야! 그리고 너는 지연이와 친구가 될 자격이 없어.	그 일은 속상한 일이야. 이런 식으로 누군가를 실망시키는 것은 상처를 주는 거야. 상황이 좋지 않게 진행되고 뭔가 과녁을 빗나갈 때 여기서 배워야 할 것이 있어. 친구에게 표현할 수 있는 몇 가지 말을 찾아보고 사과할 수 있는 방법을 생각해 보자. 방향을 바로잡을 수 있는 방법을 찾을 수 있을 거야. 어떻게 하면 폭풍을 가장 잘 헤쳐 나갈 수 있는지 알아보자. 나는 너를 위해 여기에 있어.

내면의 비판자	내면의 아군
비판적인 자기 공격	자비로운 자기 교정

⤴ 더 해 볼 것

연민심을 갖고 자기 교정을 하면서 자신에게 말하는 법을 배우려면 연습이 필요합니다. 자신감을 높이고 위협에서 벗어나는 데 매우 도움이 되기 때문에 말의 어조와 내면의 피드백에 주의를 기울이는 것이 좋습니다. 이것이 어떻게 그리고 왜 작동하는지 좀 더 생각해 보려면 다음 질문에 답하세요.

≫ 지연이는 유빈이에게 솔직하고 건설적인 피드백을 줄 수 있었고, 그 덕분에 유빈이는 친구에게 수치심을 느꼈을 때보다 더 기꺼이 문제를 들을 수 있었습니다. 지연이가 그랬던 것처럼 코치, 선생님 또는 친구가 건설적인 방식으로 힘든 피드백을 주었다고 상상해 보세요. 반대로, 약간 가혹한 피드백을 받았던 반대의 경험을 생각해 보세요. 전달의 차이는 무엇이며, 한쪽이 다른 쪽보다 더 도움이 되는 이유는 무엇일까요?

_____

_____

_____

≫ 이제 기분이 우울했다가 친구와 이야기한 후 기분이 나아졌던 때를 생각해 보세요. 지지적인 사람의 어떤 자질이 그들과 이야기를 나눈 후 더 차분한 느낌을 주는 데 도움이 되었나요? 예를 들어, 이해받고 있거나 판단 받고 있다고 느꼈나요?

_____

_____

_____

>> 다음에는, 여러분의 기분을 더 나쁘게 만든 사람에게 손을 내밀었던 경험과 비교해 보세요. 또는 여러분이 화가 났을 때 여러분의 기분을 더 나쁘게 만들 것이라는 것을 알기 때문에 절대 전화하지 않을 누군가를 생각해 보세요. 기분 나쁘게 만든 사람이나 절대 연락하고 싶지 않은 친구의 어떤 점이 그 사람에 대해서 이런 감정을 느끼게 하는 것일까요? 그친구들이 여러분을 판단하거나 비판하는 느낌을 주었나요? 그 친구들이 거친 말로 여러분을 나무랐나요? 답의 차이점과 그 답이 여러분을 어떻게 느끼게 했는지 적어 보세요.

_____

_____

_____

>> 우리는 지금까지 판단적인 마음과 내면의 비판자는 위협 시스템을 활성화시키고 이해하고 배려하는 마음은 더 차분한 반응을 활성화시킨다는 것을 배웠습니다. 그렇기 때문에 사랑하는 사람이 우리에게 연민과 이해심을 베풀 때 기분이 좋아지고, 누군가가 우리를 판단할 때 기분이 나빠진다는 것을 알 수 있습니다. 인생에서 지지적인 친구를 갖는 것 외에도, 특히 스트레스를 받고 실수했을 때 자신에게 지지적인 친구처럼 대하는 법을 배우는 것은 큰 가치가 있습니다. (힌트: 활동 2의 빨간색 원과 초록색 원을 생각해 보세요.) 내면의 비판자 목소리에서 내면의 아군 목소리로 전환하는 것이 어떻게 도움이 될까요? 비판자와 함께 할 경우에는 어떤 대가를 치르게 될까요?

_____

_____

_____

불확실성

🔁 알아야 할 것

사회 생활에서(그리고 일반적인 삶에서) 알 수 없는 것에 직면할 때, 불편한 감정이 생기는 것은 정상입니다. 사실, 불확실성은 많은 두려움을 느끼게 합니다. 우리가 좋아하지 않을지라도, 불확실성은 피할 수 없는 인간 모험의 일부입니다. 따라서 그것에 대항하기보다는 함께 살아가는 방법을 배우는 것이 합리적입니다.

우리가 누군가와 함께 어디에 서 있는지 모를 때, 다른 사람의 답장을 기다리고 있을 때, 또는 미래 계획이 모두 공중에 떠 있을 때와 같이 인생의 미지의 문제에 맞닥뜨렸을 때, 오래된 투쟁 스위치를 켜서 문제를 악화시키는 경향이 있습니다. 그런 다음 우리는 바꿀 수 없는 것들과 씨름하는 데 시간과 에너지를 소비합니다. 우리가 미지의 어떤 것을 좋아하지 않는다는 것을 한탄하기도 합니다. 우리가 할 수 없을 때조차도 일을 더 명확하게 할 수 있기를 원합니다. 억지로 대답을 하려고 하고, 대답이 나오지 않으면 좌절감에 빠집니다. 이런 경험을 할 때, 우리는 기분이 더 나빠지는 경향이 있습니다. 때때로 우리는 의도치 않게 더 많은 문제를 일으키는 방식으로 행동함으로써 기분을 나아지게 하려고 시도합니다.

투쟁 스위치를 끄기 위해, 대안적이고 더 도움이 되는 방법인 허용하고 내버려 두는 태도로 삶의 미지의 세계에 대처할 수 있습니다. 마음챙김 기반 인지 치료에서 이것은 감정이나 상황을 바꾸려고 노력하기보다는 무슨 일이 일어나고 있든 공간을 허용하는 것으로 설명됩니다. 그렇다고 행동과 변화도 가치가 없다는 뜻은 아닙니다. 허용하기는 내면 세계를 더 잘 인식하고 원치 않는 감각과 경험을 그냥 내버려 두는 시간을 갖는 것을 의미합니다. 이렇게 할 때, 우리는 미지의 세계가 우리를 좌절시키고 자기 파괴로 몰아넣게 내버려 두는 대신, 명확성, 인내심, 자신감을 갖고 미지의 세계에 맞설 수 있다는 것을 배우게 됩니다.

🔁 해야 할 것

허용하기는 이해하기 쉬운 개념이 아니라는 것을 알고 있습니다. 이를 설명하기 위해 다음과 같은 시나리오를 상상해 보세요.

파티를 열고 원하는 사람을 초대할 수 있다고 상상해 보세요. 여러분은 손님 목록을 완전히 통제할 수 있고 여러분이 초대한 모든 사람이 파티에 참석할 수 있습니다. 그러나 한 가지 작은 마법 같은 함정이 있다고 가정하세요. 파티를 시작하기 전에 먼저 초대하지 않은 손님을 환영하고 친절하게 대해야 합니다.

왜 그럴까요? 잠시 후에 설명할 것입니다.

먼저 초대하지 않은 사람을 상대하는 일에서 벗어날 수 있는 영리한 방법을 생각합니다. 여러분은 자신의 방에 숨으려고 하지만 초대하지 않은 손님은 더 오래 머무르려고 해서 이제 여러분은 방에 갇혀 친구들을 볼 수 없습니다. 그래서 방에서 나와 초대하지 않은 사람들을 무시하려고 합니다. 그러나 이들은 더 시끄럽게 하고 더 불쾌한 방식으로 여러분의 관심을 끌려고 합니다.

이들을 피하고 저항하기 위한 모든 노력 끝에, 당신은 마침내 이 손님들을 맞이하고 그들의 존재와 싸우는 것을 그만두기로 결심합니다. 저 사람들은 그냥 방문한 것일 뿐이라고 스스로에게 상기시킵니다. 그러자 그들은 더 이상 움직이지 않았습니다. 초대하지 않은 손님을 거부하기보다 받아들이는 전략은 꽤 효과적이었습니다. 이들은 인정받는 것을 좋아해서 그렇게 하자, 곧바로 떠났습니다. 상황을 바꾸려는 시도를 멈추고 허용하고 내버려 두기 시작했을 때, 상황은 크게 개선되었습니다. 반갑지 않은 손님들이 떠났고, 여러분은 초대받은 손님들을 즐겁게 해주었습니다.

이 시나리오에서 초대하지 않은 손님은 특히 불확실한 시기에 삶 전반에 걸쳐 우리 앞에 나타나는 불편한 감정과 경험입니다. 인간으로서 우리 모두는 이러한 손님을 느닷없이 맞게 되며, 많은 사람들은 미처 알아차리지 못한 채 투쟁 스위치를 누릅니다. 그러나 이럴 때 최선의 반응은 자동적인 투쟁 모드를 바꾸어 허용하고 내버려 두는 모드로 전환하는 것입니다.

>> 불확실성을 받아들이고 원치 않는 감정을 받아들이는 것에는 어떤 이점이 있나요? 이것이 당신의 자신감과 대처에 어떤 영향을 미칠 수 있나요? (힌트: 파티 이야기) 즉, 원치 않는 손님을 피하려고 노력하는 것의 부정적인 면과 그들을 받아들이는 것의 긍정적인 면에 대해 생각해 보세요.

_____

_____

_____

_____

더 해 볼 것

종우가 어떻게 자신의 감정을 위한 공간을 만들고 자신감을 가지고 불확실성을 헤쳐 나갔는지 읽어보세요. 그런 다음, 반성적 질문에 답하면서 이것을 자신의 삶에 어떻게 적용할 수 있는지 알아보도록 하겠습니다.

종우는 재연이와 데이트할 수 있다는 사실에 흥분했습니다. 재연이도 자신에게 관심이 있는 것 같았고, 대화를 나누면서 좋은 분위기가 만들어졌습니다. 그러나 예상한 대로 문자 메시지가 오지 않았고 뭔가 속도가 더딘 기분이 들었습니다. 어느 주말, 종우는 재연이에게 데이트 신청을 할 용기를 얻었지만 재연이의 답을 기다리느라 꼼짝 하지 못했습니다. 그러자 불확실성이 매우 불편해지기 시작했고, 자신감도 흔들리기 시작했습니다. 재연이가 대답할 때까지 기다려야 한다는 것을 알고 있었지만, 알 수 없는 감정들이 밀려왔습니다. 재연이의 대답을 얻으려고 시도하면서, 분명히 후회할 메시지를 쓰기 시작했습니다.

메시지를 작성한 후 보내기를 누르는 대신, 종우는 잠시 멈췄습니다. 종우는 그 순간 메시지를 보내면 재연이와의 관계가 더 나빠질 수 있다는 것을 알아차렸습니다. 잔소리 같은 메시지는 둘의 관계에 좋지 않을 것이고 재연이를 오히려 밀어낼 수 있다는 판단이 들었습니다. 마음챙김 수업에서 종우는 최근에 허용하는 것에 대해 배웠고, 힘든 상황에서 잠시 내버려 두는 것이 더 나은 행동이라는 것을 알게 되었습니다. 종우는 재연이에게 안심을 구하고 다시 손을 내밀고 싶은 충동을 느끼면서도, 그 순간 자신이 느꼈던 감정을 되돌아보았습니다. 종우는 숨을 몇 번 들이쉬고 의도적으로 상황의 어려움에 집중했습니다. 그리고는 자신이 불안해하고 있었고 데이트 과정에서 뭐가 뭔지 확실하지 않은 상황을 좋아하지 않는다는 것을 인정했습니다. 그런 다음 몸에서 감각을 느끼는 곳에 집중했습니다. 일부러 가장 많이 감각이 느껴지는 가슴에 주의를 기울였습니다. "허용하고 내버려 두자. 뭐가 뭔지 알지 못하는 상황을 감당할 수 있다." 잠시 침묵이 흐른 뒤, 기분이 나아졌습니다. 기다리지 않고 문자를 재연이에게 보내는 것은 자신이 느끼는 불안에 대한 반응이며 불안감에서 올라오는 마음의 요구를 즉각적으로 따를 필요가 없다는 것을 깨달았습니다. 문자를 보내지 않는 것이 현명한 방법이라는 것을 깨닫게 되자 억지로 그런 행동을 하기보다는 기다리기로 했습니다. 여전히 불확실한 상황임에도 불구하고 그 상황에 대해 더 편안해졌고 자신감이 느껴졌습니다. 인생의 다른 많은 질문과 마찬가지로, 시간이 지나면 모든 것이 분명해질 것이라고 믿었습니다. 기다리는 동안 친구들과 계획을 세우고, 불안하게 만드는 생각에 집중하는 마음을 알아차리면서 자신에게 중요한 일을 하며 시간을 보냈습니다. 그 결과 재연이와의 관계는 더욱 더 친밀해졌고 서로의 입장도 분명해졌습니다. 종우는 계속해서 새로운 관계와 미지의 세계를 참을성 있게 탐색하는 능력에 대해 더 자신감을 갖게 되었습니다.

➤➤ 의식적으로 잠시 멈추고 허용함으로써 종우는 감정에 휩쓸리지 않고 더 쉽게 자신의 감정과 함께할 수 있었습니다. 종우는 자신의 감정과 상황을 받아들이는 태도를 만들기 위해 구체적으로 무엇을 했나요(그리고 무엇을 하지 않았나요)?

_____

_____

_____

》 여러분의 삶에서 종우의 허용하기 접근법을 시도하는 것이 언제 도움이 될 수 있을까요?

_____

_____

_____

_____

_____

종우가 자신의 불편함에 대해 취한 첫 번째 방법은 재연이에게 문자를 보내 불확실성을 제거하고 안심을 얻는 것이었지만, 그것이 자신의 불안을 없애는 데 도움이 되지 않는 시도일 뿐이며 역효과를 낼 수 있다는 것을 깨달았습니다. 원치 않는 감정을 떨쳐 버리는 데 도움이 되지 않는 방법을 찾아낼 수 있나요? 다음 목록에서 사용 중인 항목을 확인합니다. 목록에 자유롭게 추가하세요.

원치 않는 감정과 경험 피하기

☐ 감정을 말하거나 시인하는 것을 거부하기

☐ 구역설정(zone out)

☐ 난이도는 무시하고 비디오 게임하기

☐ 소셜 미디어에서 원하는 것보다 더 많은 시간 보내기

☐ 지나치게 바쁘거나 일에 지나치게 집중하기

☐ 술을 마시는 행위

☐ 남 탓하기

☐ 이런 식으로 느끼는 것이 얼마나 불공평한지에 초점을 맞추기

☐ 해야 할 것 이외의 다른 일을 함으로써 주의를 산만하게 하기

☐ 도움이 되지 않는 방식으로 상황을 통제하려고 노력하기

☐ 다른 사람들로부터 반복적으로 확신을 얻으려고 노력하기

☐ 지금 당장 해결할 수 없는 문제를 해결하려고 노력하기

☐ _____

☐ _____

☐ _____

다음은 불편한 감정을 위한 공간을 둘 수 있는 몇 가지 유용한 아이디어입니다. 목록을 살펴보고 사용할 수 있는 항목을 확인하세요. 자유롭게 목록에 추가하고 다음에 원하지 않는 순간을 어떻게 만나고 싶은지 적어 보세요.

원치 않는 감정과 경험을 허용하기

☐ 시간을 내어 자신의 감정에 이름을 붙이기

☐ 감정은 단지 손님일 뿐이며 인간 경험의 일부라는 것을 스스로에게 상기시키기

☐ 연습 3-6-9 호흡(활동 2)

☐ 마음챙김 SEAT(활동 8)를 연습하기

☐ 가져오고 내보내기 연습(활동 16)을 시도해 보기

☐ 자기연민 브레이크(활동 20)

☐ 자신의 감정에 대해 판단하기보다는 호기심을 가지려고 노력하기

☐ 몸에서 감정을 느끼는 부분을 알아차리고 '허용하고 내버려 두자'를 반복하기

☐ 호흡과 신체 감각에 주의를 기울이기

☐ _____

☐ _____

☐ _____

☐ _____

>> 종우는 재연이와의 관계는 불확실한 것이며 인내심이 필요하다는 것을 받아들였습니다. "허용하고 내버려 두자. 어떻게 될지 모르지만 나는 감당할 수 있다." 이것은 그에게 도움이 되었습니다. 여러분의 삶에서 불확실한 상황을 생각해 볼 때, 이를 받아들이는 데 도움이 될 만한 것이 있나요? 여러분에게 효과가 있을 수 있는 다른 문구가 있나요?

_____

_____

_____

_____

_____

_____

_____

결론

　사회적 자신감에 대한 이 마지막 장이 여러분이 자신을 드러내는 데 조금이나마 도움이 되기를 바랍니다. 자신감이 무너질 수 있지만 마음챙김으로 우리 마음을 고양시킬 수 있는 일반적인 상황과 시나리오를 살펴보았으며, 이런 상황에서 이런 아이디어들을 연습할 기회를 갖기를 바랍니다.

　살아가다 보면 예측할 수 없는 상황이 여러분을 찾아올 것입니다. 인생은 팝 퀴즈, 우회적인 인터뷰 질문, 새로운 룸메이트, 그리고 계획할 수 없는 더 큰 놀라움으로 가득 차 있을 것입니다. 지금까지 구체적인 시나리오에서 배운 많은 기본 사항을 우리 앞에 놓인 까다로운 상황과 불확실한 상황에서 응용해 보면 도움이 될 수 있습니다.

　이 사회생활 파트에서 어떤 연습이 가장 도움이 되었는지 곰곰이 생각해 보고, 자신감이 필요한 다른 때에 기본 원칙을 사용할 수 있을지 생각해 보세요.

_____

_____

_____

_____

_____

_____

_____

이 책이 여러분의 자신감과 자기 인식에 힘을 실어주는 책이 되었기를 바랍니다. 자신감 문제의 근원을 발견하고 단기 혹은 장기적으로 자신감을 높일 수 있는 다양한 방법을 배웠기를 바랍니다. 여러분은 혼자가 아니라는 것을 깨달았기를 바랍니다. 이미 자신감을 가지고 있는 10대들이 수백만 명이나 있을 것입니다. 하지만 자신감을 좀 더 높이고 싶은 10대도 수백만 명이 넘을 것입니다. 또한 우리는 여러분이 성장과 도전을 공유할 수 있는 주변 어른, 또래나 친구를 찾았기를 바라며, 그 사람들은 여러분의 성장을 지지하고 내면의 비판에도 불구하고 여러분이 가지고 있는 자신감과 능력을 기억하게 해줄 것입니다.

잠시 시간을 내어 이 책의 세 파트에서 가장 좋아하는 연습을 다시 검토해 보고 어려운 시기에 사용하고 싶은 연습 방법을 확인해 보세요. 활동 2에서 녹색 원을 참고하길 바라며 전체 책 내용을 살펴보면서 앞으로 진정 시스템을 활성화하고 자신감 목표를 달성하는 데 도움이 될 수 있는 가장 좋은 연습을 열거해 보세요.

마지막 연습으로, 여러분을 움직이게 할 무언가를 시도해 봅시다. 이 마무리 연습은 마음챙김 자기연민 수업에서 함께 배운 걷기 명상에서 영감을 받았습니다. 이 책을 끝내고 다음 모험을 위한 건강한 새 시작을 환영합니다.

일어서서 발바닥이 바닥에 닿는 것을 느끼고, 여러분을 지탱하고 있는 발바닥의 감각을 느껴보고. 여러분에게 필요한 자신감을 갖고 스스로를 지탱하도록 해 보세요.

이제 천천히 앞으로 걷기 시작하고, 땅을 밟는 각 발자국의 감각을 느끼세요.

한 발을 내디딜 때마다, 여러분이 뒤에 남기고 싶은 것, 즉 의심, 불확실성, 두려움을 생각해 보세요.

그리고 발을 내딛고 앞으로 나아갈 때마다, 여러분이 무엇을 향해 걷고 있는지 자신감, 안도감, 이완을 생각해 보세요.

천천히 앞으로 걸어가면서 발이 땅에 닿는 것을 알아차리고 한 걸음 한 걸음 내디딜 때마다 자신감을 갖도록 하는 단어, 이미지, 자질을 찾으세요.

굳건히 발을 내디디며 자신감을 향해 나아가는 이 여정에서 여러분을 응원하는 모든 사람들을 생각하세요.

준비가 되면 서 있는 자세로 돌아옵니다. 잠시 시간을 내어 몸의 감각을 알아차리세요. 여러분이 느낄 수 있는 모든 것을 느끼도록 허용하세요. 하루하루를 살아가면서 강인함과 꾸준한 마음으로 굳건히 버티기를 바랍니다.

참고
문헌

Dweck, C. S. (2007). *Mindset: The New Psychology of Success*. New York: Ballantine Books.

Gilbert, P. (2009). *The Compassionate Mind*. London: Little, Brown Book Group.

Gilbert, P. (2022). "Shame, Humiliation, Guilt and Social Status: The Distress and Harms of Social Disconnection." In *Compassion Focused Therapy: Clinical Practice and Applications*, edited by Paul Gilbert and Gregoris Simos. London and New York: Routledge Taylor and Francis Group.

Kolts, R. L. (2016). *CFT Made Simple*. Oakland, CA: New Harbinger Publications.

Kolts, R. L., & Chodron, T. (2015). *An Open-Hearted Life*. Boulder, CO: Shambhala Publications.

Neff, K., & Germer, C. (2018). *The Mindful Self-Compassion Workbook: A Proven Way to Accept Yourself, Build Inner Strength, and Thrive*. New York, London: Guilford Press.

Polk, K. L., & Schoendorff, B. (2014). *The ACT Matrix: A New Approach to Building Psychological Flexibility Across Settings and Populations*. Oakland, CA: Context Press.

Segal, Z., Williams, M., & Teasdale, J. (2013). *Mindfulness-Based Cognitive Therapy for Depression* (2nd ed.). New York, London: Guilford Press.

저자 소개

- - - - - - - - -

Ashley Vigil-Otero, PsyD

개업 심리학자, 작가 및 NICABM(National Institute for the Clinical Application of Behavioral Medicine)의 컨설턴트이다. 미국 하버드 의과대학과 밴더빌트 대학교에서 수련을 받았다.
사우스 플로리다 대학교에서 강사를 하였고 플로리다에서 개업하여 평생 연민 지향 심리 치료를 전문으로 하고 있다. 다문화 가정에서 자란 저자는 문화적 겸손함과 정신 건강의 다양성에 오랫동안 관심을 가져 왔다.

Christopher Willard, PsyD

미국 매사추세츠에 거주하는 임상 심리학자, 작가 및 컨설턴트이다. 30개국에서 강연을 했으며, 두 번의 TEDx 행사에서 발표를 했다. 그는 『Alphabreaths』, 『Growing Up Mindful』, 『How We Grow Through What We Go Through』를 포함한 20권의 책의 저자이자 공동 저자이다. 정신 건강에 대한 그의 생각은 『The New York Times』, 『The Washington Post』, www.mindful.org, www.cnn.com 등에 실렸다. 현재 하버드 의과대학에서 학생들을 가르치고 있다.

역자 소개

이우경(Lee Woo Kyeong)

서울사이버대학교 상담심리학과 교수로 재직 중이다. 가톨릭대학교에서 이상심리학 석사, 이화여자대학교에서 발달심리학 박사 학위를 취득하였다.

정신건강임상심리사 1급, 임상심리전문가 자격을 취득하였고, 대표적인 저서로는 『청소년을 위한 자기수용과 자존감 향상 가이드』(학지사, 2024), 『청소년을 위한 마음챙김 기술』(공저, 학지사, 2021), 『SCT 문장완성검사의 이해와 활용』(학지사, 2018)이 있다.

청소년의 자신감 향상을 위한 워크북:
사회불안 극복과 자기 신뢰를 위한 마음챙김 기술
The Self-Confidence Workbook for Teens
Mindfulness Skills to Help You Overcome Social Anxiety, Be Assertive & Believe in Yourself

2024년 8월 20일 1판 1쇄 인쇄
2024년 8월 30일 1판 1쇄 발행

지은이 • Ashley Vigil-Otero, PsyD · Christopher Willard, PsyD
옮긴이 • 이우경
펴낸이 • 김진환
펴낸곳 • ㈜ 학지사

04031 서울특별시 마포구 양화로 15길 20 마인드월드빌딩
대표전화 • 02)330-5114   팩스 • 02)324-2345
등록번호 • 제313-2006-000265호

홈페이지 • http://www.hakjisa.co.kr
인스타그램 • https://www.instagram.com/hakjisabook

ISBN 978-89-997-3187-7 93180

정가 17,000원

출판미디어기업 학지사

간호보건의학출판 **학지사메디컬** www.hakjisamd.co.kr
심리검사연구소 **인싸이트** www.inpsyt.co.kr
학술논문서비스 **뉴논문** www.newnonmun.com
교육연수원 **카운피아** www.counpia.com
대학교재전자책플랫폼 **캠퍼스북** www.campusbook.co.kr